INFIZIERT!

KANADAFIEBER IN BRITISH COLUMBIA

-Kundenfoto: S. Bücker

KANADAFIEBER: Schon infiziert?

SK-Kundenfoto: T. Nerstheimer

Neue Infektionsherde in B.C.

Die Idee: Eine Abenteuerwoche, veredelt mit besonderen Naturerlebnissen, die bleibende Erinnerungen schaffen werden. Eine Woche, die so intensiv ist, dass es sich lohnt, allein dafür nach Kanada zu fliegen!

Natürlich sind die folgenden Reisen aber auch als Ergänzung für andere Kanada-Bausteine gedacht, wie zum Beispiel eine Wohnmobilreise oder ein Reiseerlebnis in einer anderen Region des Ahornlandes.

Wichtig: Jede Reise ist eine flexible Idee. Sie kann überall verlängert, verkürzt oder verändert werden.

SKTOURISTIK
KANADA. LEIDENSCHAFTLICH.

Es gibt nicht viele Reiseveranstalter, die sich wirklich gut in Kanada auskennen. SK Touristik im Münsterland ist so einer. Das Kanadafieber ist hier schon lange chronisch: Seit mehr als 25 Jahren basteln die Frühinfizierten fieberhaft an innovativen Reiseträumen im Ahornland – stilecht im natürlich aus Kanada importierten Blockhaus. Eine treue Fangemeinde freut sich alljährlich auf das Ergebnis der Fieberfantasien aus dem Kanadahaus. Längst gilt das SK-Programm als Status-Referenz für wertiges Kanadareisen – immer bebildert durch Kunden-Fotos.

Das Büro-Blockhaus von SK Touristik

@sktouristik

sktouristikt

@kanadafieber

sktouristik

SK-Kundenfoto: J. Lange

Bear and Whale Whisper

8 Tage Autoreise ab/bis Vancouver inkl. Wildnis-Lodge auf einer Pazifik-Insel mit Grizzly- & Walbeobachtung

Ruhiger, einsamer. Dafür steht der Weg in den Norden von Vancouver Island. Zunächst die Metropole Vancouver, dann der schon entrückte Blick auf sie von der Spitze des Grouse Mountain. Und ab auf die Insel im eigenen SUV. Ein letztes Mal Zivilisationsluxus an der Küste von Parksville. Frühmorgens dann nichts wie los in den einsamen Norden von Vancouver Island. Abtauchen mit allen Sinnen: Das Boot zur Farewell Harbour Lodge legt ab und man spürt den Wind, riecht den Pazifik und lässt sich visuell von der Inselwildnis der Johnstone Strait erschlagen. Motorboot-Exkursionen zur Grizzly-Beobachtung in die Fjorde des Great Bear Rainforest. Und Wale von der eigenen Cabin aus! Zum Schluss das Küsten-Resort an der Sunshine Coast!

SK-Kundenfoto: J. Lange

Experte: Markus Knüpp

02536 345 910

sktouristik.de/bearwhalewhisper

Whales and the City

8 Tage Autoreise ab/bis Vancouver
inkl. Wal- & Bärenbeobachtung auf Vancouver Island

Eine Erlebniskombination aus Stadt und Natur. Nach zwei Nächten Vancouver mit kulinarischen Reizen und ersten Schnittstellen mit der Natur geht es in den Regenwald auf Vancouver Island und in den Pacific Rim Nationalpark. Zwei Tage Beach Resort an einem sagenhaften Strand. Von hier aus hinaus zu den Bären des Clayoquot Sound, um dann den Trip mit einer neuen Insel-Stadterfahrung in Victoria zu beenden. Mit der Schwertwalbeoabachtung zum Sonnenuntergang schließt die Tour mit einem Erlebnishöhepunkt. Eine

SK-Kundenfoto: S. Hendes

fertige Erlebnisreise, die es in meinen Augen wert ist, allein für diese Woche nach Westkanada zu fliegen! Doch natürlich eignet sich der Trip ideal als grandioser Abschluss oder prickelndes Vorspiel einer Reise auf dem Festland.

Experte: Markus Hövels
02536 345 910
sktouristik.de/whalescity

SK-Kundenfoto: T. Meier

Griz, Whale and Food Truck

8 Tage Autoreise ab/bis Vancouver inkl. Wasserflugzeug zur Floating Lodge mit Grizzly- & Walbeobachtung

Im Fokus die Grizzlies des temperierten Regenwalds am Pazifik. Erst die Metropole Vancouver mit spannender Kulinarik. Kaum etwas ist in Vancouver derzeit so hip wie die Foodtruck-Szene. Vancouver is(s)t anders – eine besondere City Tour!

SK-Kundenfoto: H. Torzinski

Und dann Entschleunigung pur – mit der Fähre und dem eigenen SUV in den einsamen Norden von Vancouver Island. In Campbell River wartet eines dieser Erlebnisse, die eine Kanadareise in Erinnerung halten. Der Flug im Wasserflugzeug über die Johnstone Strait mit ihren vielen einsamen Inselchen hinüber zur unwegsamen Fjordlandschaft des Great Bear Rainforest. Zur schwimmenden Wildnis-Lodge. Zu den Grizzlies! Als Kontrast dann Victoria und zum Schluss die Orca-Beobachtung im Sonnenuntergang!

Experte: Bastian Radau

02536 345 910

sktouristik.de/grizwhalefood

Whacky Whale *für Familien*

8 Tage Autoreise ab/bis Vancouver inkl. Walbeobachtung, Ziplining und Strandurlaub auf Vancouver Island

Wer Strände mag, Vancouver und Victoria sehen will und Wale genau wie das Lagerfeuer am Strand erleben will, der ist auf diesem Trip richtig – mit oder ohne Kinder. Los geht's mit Vancouver, das mal anders entdeckt wird – auf einer Rätseljagd durch Downtown und auf dem Rad im Stanley Park. Dann Landschaft pur auf der Fährfahrt nach Nanaimo und das eigene Blockhaus im Regenwald vor dem Strand vor Parksville. Ein Resort, wo Kinder laufen und erleben können. Dann zur Südwestspitze von Vancouver Island. Riesige Bäume unterwegs und das herrliche Cottage am Meer. Mit dem Boot hinaus zu den Walen, bevor es über eine Traumküstenstraße vorbei an wilden Stränden geht. Und dann Ziplining bei Sooke! Victoria rundet's ab.

SK-Kundenfoto: C. Rietmüller

Experte: Thomas Reichert

02536 345 910

sktouristik.de/whackywhale

SK-Kundenfoto: T. Nerstheimer

Moody Moose *für Familien*

8 Tage Autoreise Vancouver - Calgary inkl. River Rafting & Wildnis-Glamping in einem wilden Flusstal

Wer auf diese Tour geht, ob mit oder ohne Kinder, der will raus in die Natur. In die Berge. Kanada erleben, wie man es sich immer vorgestellt hat! Raus in den Wald, ran an den Fluss! Das Trapper-Zelt steht schon. River Rafting! Und weiter zum eigenen Blockhaus am See, wo Kinder laufen und entdecken können. Kanus gibt es auch! Es wartet der Wells Gray Park mit Wasserfällen und noch mehr Wildnis. Zur Tierbeobachtung („Wo sind denn die Elche und die Bären?") geht es mit dem Jetboat ins Grizzly Bear Valley,

SK-Kundenfoto: S. Frankowski

bevor die Rockies im Jasper Nationalpark erreicht werden. Auch der Icefields Parkway nach Banff bedeutet Staunen ohne Altersbeschränkung! Ein Ausritt mit Cowboy Cookout am Lagerfeuer bevor das Abenteuer in Calgary endet.

Experte: Markus Knüpp

02536 345 910

sktouristik.de/moodymoose

Viktoria Mühlbauer

AUF DER SUCHE NACH FREIHEIT

CAMPING IN KANADA

Tipps und Tricks für den Wohnmobil-Urlaub

IMPRESSUM

Auf der Suche nach Freiheit. Camping in Kanada
Tipps und Tricks für den Wohnmobil-Urlaub
Viktoria Mühlbauer

Bibliografische Information der Deutschen Bibliothek
Die Deutsche Bibliothek verzeichnet diese Publikation in der deutschen Nationalbibliografie.
Detaillierte bibliografische Daten sind im Internet über http://dnb.ddb.de abrufbar

Redaktion und Lektorat: Christine Walter

Satz und Layout: Serpil Sevim

Gedruckt und gebunden:
Himmer GmbH Druckerei & Verlag | Steinerne Furt 95 | 86167 Augsburg
www.himmer.de

Bildnachweis:
Alle Bilder von Viktoria Mühlbauer außer City of Toronto cc by 2.0 S. 168/169; Destination Canada S. 189; Diego Delso cc by-sa 4.0 S. 140; Stefanie Dornbusch S. 69; Fraserway RV Rentals S. 73, 78/79, 81, 87, 91, 92, 93, 96, 134, 172, 173; W. Robert Howell cc by-sa 2.0 S. 111; Joe Mabel cc by-sa 3.0 S. 202; National Highway System S. 23; Adam Peterson cc by-sa 4.0 S. 18; Pickupimage cc0 S. 175; Hans-G. Pfaff Cover u; public domain S. 55, 146, 155; Michel Rathwell cc by 2.0 S. 150; Raysonho Open Grid Scheduler, Grid Engine cc0 S. 164; Royalbroil cc by-sa 3.0 S. 198; Denise Schwerzmann S. 59, 149; The Milepost S. 144; SK Touristik Umschlag Vorderseite; Tourism Nova Scotia S. 188, TNS Acorn Art Photography S. 184, TNS Scott Munn S. 187; Tourism Ontario/Goh Iromoto S. 191, 194/195; Tourisme Québec/Paul Hurteau u. Claude Parent S. 193; xchap1x cc by-sa 3.0 S. 139 u

ISBN: 978-3-947164-26-4
Hergestellt in Deutschland

www.360grad-medien.de

Viktoria Mühlbauer

AUF DER SUCHE NACH FREIHEIT

CAMPING IN KANADA

Tipps und Tricks für den Wohnmobil-Urlaub

360° medien
mettmann

Inhaltsverzeichnis

Beaufortsee
KANADA
NORTHWEST
TERRITORIES
Alaska
YUKON
Yellowknife
Whitehorse
BRITISH
COLUMBIA
ALBERTA
SASKATCHEWAN
Edmonton
Vancouver
Regi
Pazifischer
Ozean
USA
Arktischer
Ozean
Baffin
Bay
KANADA
Hudson
Bay
Ottawa
USA

GRÖNLAND
NUNAVUT
Iqaluit
1 NEWFOUNDLAND & LABRADOR
2 NEW BRUNSWICK
3 PRINCE EDWARD ISLAND
4 NOVA SCOTIA
Hudson Bay
NITOBA
Atlantischer Ozean
1
QUÉBEC
Winnipeg
ONTARIO
St. Johns
3
Quebec
2
Fredericton
Charlottetown
Toronto
4
Halifax

Vorwort

Kanada – unendliche Weiten *coast to coast*

Die unendlichen Weiten Kanadas entdecken und das möglichst flexibel und komfortabel? Davon träumen viele! Das Land steht wie kein anderes für Abenteuer, Natur und Freiheit. Was also wäre besser als eine Reise mit dem Wohnmobil? Das denken sich auch viele Kanadier und entdecken ihr eigenes Land mit dem RV. Tausende Kilometer gut ausgebauter Straßen laden zum Erkunden ein, und wer das Abenteuer sucht, für den ist hier gesorgt!

Auch immer mehr Europäer zieht es nach Kanada, und die Reise mit dem Wohnmobil ist so beliebt wie nie zuvor. Doch gerade die Größe des Landes und die schieren Dimensionen der Fahrzeuge können auf den Camping-Neuling einschüchternd wirken. Hier soll Abhilfe geschaffen werden. Ziel dieses handlichen Ratgebers ist es, die wichtigsten Fragen rund um den Wohnmobil-Urlaub einfach und verständlich zu beantworten.

2014 kam ich selbst als kompletter RV-Neuling nach Kanada und konnte nicht mal mit einem Wohnwagen-Urlaub in meiner Kindheit Pluspunkte sammeln. Dass die Nordamerikaner mit ihren RVs in einer anderen Liga spielen als die altmodischen Wohnwagen in meiner Vorstellung, musste ich schnell lernen! Während meines Sommers als Praktikantin beim Wohnmobilvermieter Fraserway bekam ich Gelegenheit das Land mit dem RV zu entdecken und verstand sofort, warum jedes Jahr so viele Europäer nach Kanada kommen und sich für ein Wohnmobil für ihre Reise entscheiden!

Der erste Teil dieses Buches befasst sich mit einigen grundsätzlichen Dingen, die es bei der Planung einer Reise in das zweitgrößte Land zu beachten gibt. Was macht Kanada zu einem so beliebten Ziel für Reisende mit dem Wohnmobil und worauf sollte bei der Planung eines RV-Urlaubs Rücksicht genommen werden?

Im zweiten Teil geht es ins Detail. Welche Kosten kommen bei einer Reise mit dem Wohnmobil auf mich zu? Woher weiß ich, welches Fahrzeug das richtige für mich ist und welche Optionen habe ich überhaupt? Es wird ein Blick auf die Preisgestaltung einer Campermiete geworfen und die verschiedensten Vermieter innerhalb des Landes vorgestellt. Die gängigen Fahrzeugtypen werden etwas genauer betrachtet und Vor- sowie Nachteile beleuchtet. Was ist in der Ausstattung der Fahrzeuge enthalten mit welchen zusätzlichen Kosten muss ich vor Antritt und während der Reise rechnen? Dieser Teil des Buches schließt mit dem wohl leidigsten Thema einer jeden Miete ab, dem Kleingedruckten und thematisiert Vor- und Nachteile der Miete gegenüber dem Kauf eines RV.

Endlich ist es geschafft und das Fahrzeug ist reserviert! Im dritten Teil geht es ganz um die Reise und die Bestandteile eines jeden *road trip*. Wie entsorge ich mein Abwasser? Wie finde ich den richtigen Campingplatz und muss ich diesen bereits vor Antritt der Reise reservieren? All diese Fragen werden beantwortet und helfen Neulingen, Verständnis für den Alltag mit dem RV zu gewinnen.

Der Hauptteil des Buches endet mit den verschiedensten Routenvorschlägen. Natürlich ist der Hauptgrund für eine Reise mit dem Wohnmobil die Flexibilität, trotzdem sollen an dieser Stelle einige populäre Reiserouten vorgestellt werden. Schließlich mag der ein oder andere hier vielleicht noch eine Idee für den nächsten Urlaub finden!

Im fünften Teil, dem Anhang, finden sich gesammelte Informationen, die innerhalb des Buches nur teilweise Beachtung gefunden haben, aber trotzdem von mir als hilfreiche Zusatzinformationen für wichtig erachtet werden. Hier findet sich ein bunter Mix mit allerhand nützlichen Tipps und Tricks rund um den Urlaub mit dem RV.

Kanada, das ist Freiheit für mich! Das Land ist mittlerweile mein Zuhause geworden und ich möchte anderen helfen, diese Liebe für das Land selbst zu entdecken. Kanada, seine Menschen und ihre Kultur, das ist etwas ganz besonderes, und die Reise mit dem Wohnmobil öffnet so viele Türen, um dieses einzigartige Land zu entdecken!

Viktoria Mühlbauer

Teil 1
Das Land – Abenteuerparadies für Naturliebhaber

Kanada: Kein Land der Welt scheint Abenteurer und Outdoor-Enthusiasten stärker anzuziehen! Unendliche Weiten und Platz, unberührte und eindrucksvolle Natur soweit das Auge reicht vermischen sich mit aufstrebenden, modernen und multikulturellen Metropolen hier und dort. Bei dem Gedanken an die unbegrenzten Möglichkeiten schlägt jedem Naturliebhaber das Herz höher. Kein Wunder, schließlich ist Kanada das zweitgrößte Land der Erde! Und das Beste? Obwohl das Land so groß ist, leben hier nur etwa 34 Millionen Menschen und die meisten von ihnen in den Metropolregionen von Toronto, Montréal, Vancouver, Calgary, Edmonton und Ottawa. Zum Vergleich, Deutschland passt flächenmäßig etwa dreimal in die Provinz Ontario, nur leben in Deutschland etwa 82 Millionen Menschen (Stand 2016). Das heißt, wer nach Kanada kommt, kann Menschenmassen grundsätzlich vermeiden, je nachdem für welches Zielgebiet er sich entscheidet!

Von der abwechslungsreichen und dramatischen Küste Newfoundlands & Labradors, den verträumten Fischerdörfern Nova Scotias, Québec Citys europäisch angehauchter Altstadt oder der pulsierenden Metropole Toronto bis hin zum berühmten Algonquin Provincial Park; vorbei an den tausenden von Seen in Ontario, durch die weiten Prärien Manitobas und Saskatchewans bis nach Alberta und in die eindrucksvollen Rocky Mountains, bis an die Westküste des Landes und in den pazifischen Regenwald Vancouver Islands – dem Reisenden sind fast keine Grenzen gesetzt! Kanada hat für jeden Naturliebhaber etwas zu bieten und bietet gleichzeitig eine tolle Destination für alle Camping-Neulinge.

Viel Platz, weite Straßen und große Parkplätze machen es dem unerfahrenen Camper einfacher, sich in der Welt der Wohnmobile zurechtzufinden.

Quill Creek im Kluane National Park and Reserve

1. Der Weg ist das Ziel

Endlose Weiten auf dem Haines Highway

1. Der Weg ist das Ziel

Für viele Camper gilt: Der Weg ist das Ziel. Mit dem Wohnmobil ist das kein Problem und Kanada ist für diese Art von Reisen bestens geeignet! Der ultimative *roadtrip* besteht daraus, die Fahrt als solche zu genießen und entlang der Strecke neue Dinge zu entdecken und gleichzeitig die Möglichkeit zu haben, sich für längere Zeiträume an neuen Orten niederzulassen und dabei autark zu sein. RVs (*recreational vehicles*, dt. Wohnmobile) erfreuen sich größter Beliebtheit in Nordamerika und sind mit den üblichen Wohnwagen, die an die Pkw angehängt werden, nicht zu vergleichen. Wer bereits zu den erfahrenen Campern gehört oder dem Verkehr auf den Autobahnen in den Sommermonaten etwas mehr Beachtung schenkt, wird bereits festgestellt haben, dass auch in Europa immer modernere und ausgefallen wirkende Fahrzeuge auf den Straßen unterwegs sind.

Ein historisches Truck Camper Modell – nicht zu vergleichen mit den modernen Fahrzeugen von heute

Egal, für welche Art von Wohnmobil man sich am Ende entscheidet, wichtig ist, dass es den eigenen Ansprüchen gerecht wird und genügend Platz für alle Mitreisenden bietet. Dies hängt natürlich auch von den eigenen Wunschvorstellungen und dem Budget ab. Nichts ist schlimmer, als am Ende feststellen zu müssen, dass das Wohnmobil für die Familie zu klein war und es ständig zu Reibereien kam, nur weil man 50 Euro pro Tag sparen wollte. Urlaub soll trotz allem Erholung sein, und auch wenn Campen für eine relativ preisgünstige Art des Reisens gehalten wird, sollte man nicht versuchen, an jeder Ecke zu sparen.

Für alle Camping-Neulinge und abenteuerlustige Reisenden stellen sich also die großen Fragen: Warum sollte ich mich für einen Campingurlaub in Kanada entscheiden? Wieso ist dieses Land besser geeignet als andere? Und was muss ich bei der Planung eines Wohnmobilurlaubs in Kanadas beachten? Darauf sollen in den nächsten Kapiteln Antworten gegeben werden, um eine erfolg- und abwechslungsreiche Reise zu planen, an die man noch in zehn Jahren gern zurückdenkt.

Kanada setzt sich aus zehn Provinzen und drei Territorien zusammen, die alle ihre eigenen geografischen Gegebenheiten und Sehenswürdigkeiten haben und einen, für sie typischen, individuellen Charme versprühen. Hier lässt sich für jeden Reisetypen das richtige Ziel finden, und trotz der riesigen Ausmaße des Landes kann man schon innerhalb weniger hundert Kilometer eine abwechslungsreiche Landschaft und vielfältige Kultur erleben! Auch wenn Kanada als Paradies für Naturliebhaber bekannt ist, sollte man die aufstrebenden Metropolen wie Vancouver und Toronto sowie die historischen Altstädte Québecs und Montréals nicht unbeachtet lassen. Das Land ist ein Schmelztiegel verschiedenster Nationalitäten und Kulturen und bietet eine abwechslungsreiche Kulturszene mit erstklassigen Restaurants, modernen Galerien und vielfältigen Einkaufsmöglichkeiten. Insbesondere für Reisende, die sich erst langsam an das Campen herantasten möchten, bietet sich eine Städtereise, kombiniert mit einem Campingtrip, an.

Da sich Kanada auf der Nordhalbkugel befindet, ist der Verlauf der Jahreszeit vergleichbar mit denen in Europa. Nichtsdestotrotz sollte hierbei das Ausmaß des Landes nicht unterschätzt werden! So liegt Toronto beispielsweise auf demselben Breitengrad wie Nizza und Edmonton wie Hamburg. Insgesamt kann man in Kanada sieben größere Klimaregionen hervorheben. Jede dieser Zonen basiert auf verschiedenen Faktoren wie beispielsweise der Höhenlage, Entfernung zum Äquator und Nähe zu größeren Gewässern oder Meeren.

Grundsätzlich kann der Reisende jedoch davon ausgehen, dass Juni bis August als beste Reisemonate gelten, in denen die Chancen auf gutes und beständiges Wetter mit warmen Temperaturen am besten stehen. Die Öffnungszeiten der Sehenswürdigkeiten sind am längsten, aber gleichzeitig muss auch mit den höchsten Preisen gerechnet werden. Die Monate Mai, September und Oktober bilden die Nebensaison, mit möglicherweise unbeständigerem Wetter und kühleren Temperaturen, dafür aber auch grundsätzlich weniger Touristen und teilweise besseren Angeboten. Hier muss natürlich wieder sehr genau zwischen den Ballungsräumen im Süden des Landes und den abgelegeneren Regionen unterschieden werden. So ist die Campingsaison in den Northwest Territories und dem Yukon im Oktober bereits vorüber und Touranbieter bereiten sich auf die Wintersaison vor. Für Camper sind die Monate November bis April als eher ungeeigneter Reisezeitraum zu vermerken, auch wenn es die ersten Abenteurer bereits im April zum Campen nach Kanada zieht.

Die wohl beliebtesten und am einfachsten zu erreichenden Ausgangspunkte für eine Reise innerhalb Kanadas sind Toronto, Vancouver, Montréal, Calgary und Halifax. Viele Airlines, wie zum Beispiel AirCanada, Lufthansa und Condor, fliegen in den Sommermonaten mehrmals wöchentlich direkt von Frankfurt nach Kanada. Soll es in eine der abgelegeneren Regionen Kanadas gehen, muss meist an einem der großen Drehkreuze des Landes umgestiegen werden. Eine der seltenen Ausnahmen ist Whitehorse im Yukon. Condor fliegt von Ende Mai bis Mitte September einmal wöchentlich direkt von Frankfurt nach Whitehorse (Stand: Mai 2018).

Klima in Kanada

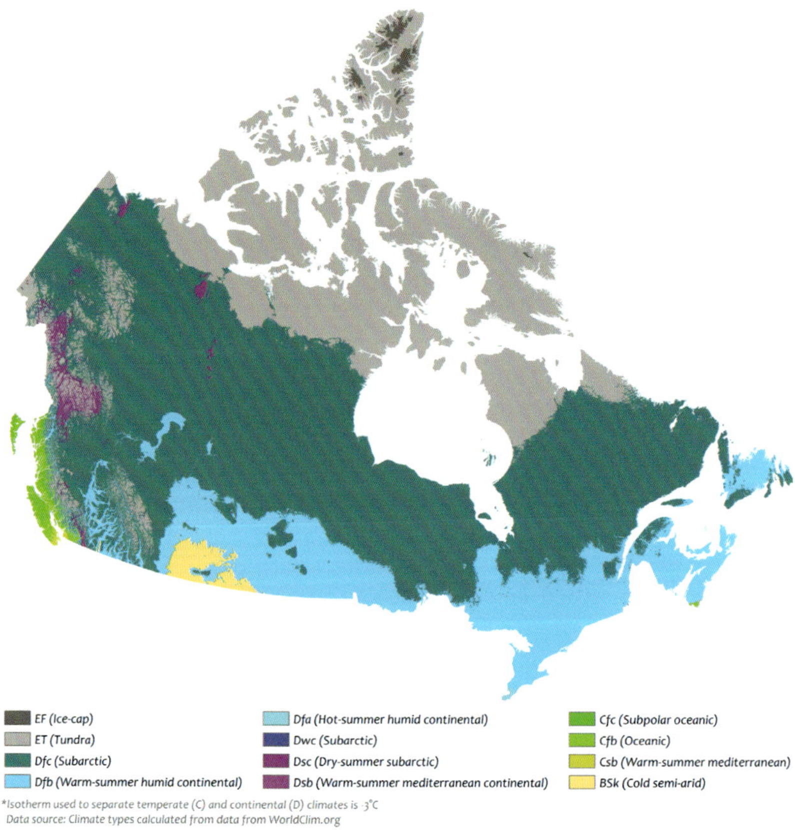

Da die Infrastruktur eines Landes das Gerüst einer erfolgreichen Tourismusindustrie bildet, ist es nur logisch, dass sich die meisten Wohnmobilvermieter nahe der großen, internationalen Flughäfen ansiedeln. Im Verlauf des Buches wird auf die einzelnen Anbieter und Stationen innerhalb des Landes im Detail eingegangen. Es kann grundsätzlich davon ausgegangen werden, dass sich einer der größeren Wohnmobilvermieter bereits in einem Umkreis von einer Stunde zum nächstgelegenen größeren Flughafen finden lässt.

Ein großer Vorteil des Campingurlaubs ist die Flexibilität, die einem das Wohnmobil bietet. Gerade weil Kanada ein ausgesprochen großes Land mit schier unendlichen Möglichkeiten ist, spricht vieles für eine Reise mit einem Haus auf vier Rädern. Sollte das Wetter eben doch einmal nicht mitspielen oder man entscheidet sich spontan die Reiseroute zu ändern, ist das, in Abhängigkeit vom ausgewählten Zielgebiet, zunächst einmal gar kein Problem. Es gibt endlose Angebote für einen abwechslungsreichen Urlaub in der Natur. Ob Abenteurer, Kulturinteressierter oder Genießer – Kanada hat für jeden etwas zu bieten und das Wohnmobil ist die richtige Wahl für all diejenigen, die gerne flexibel und frei sind – das perfekte Gefährt für ein Land voller Abenteuer und Möglichkeiten!

Ein *roadtrip* mit dem Wohnmobil bietet eine Flexibilität, die so durch keine andere Reiseart erreicht werden kann. Der eigene Herr zu sein und spontan Entscheidungen zu treffen, das sind Dinge, die uns im im Alltag nur noch selten vergönnt sind. Ein *roadtrip* bedeutet Freiheit und die Möglichkeit, sich komplett auf das Hier und Jetzt einzulassen und jeden Moment der Reise voll auszukosten.

1.1 Campen – a Canadian Way of Life

Campen erfreut sich höchster Beliebtheit in Nordamerika und scheint im Blut jedes Nordamerikaners verwurzelt zu sein. Übersetzt bedeutet *camp* „Lager“ und *to set up camp* heißt nicht mehr, als ein Lager aufzuschlagen. In der ersten Entwicklungsphase des Campens als Freizeitaktivität ging es hierbei um nicht mehr, als ein Zelt aufzustellen und die Natur zu genießen. Zunächst in Pferdewagen und später mit der Eisenbahn zog es die Bevölkerung hinaus in die Wildnis. Das Bewusstsein und die Wertschätzung für die unberührte Natur wuchsen und Reisende erfreuten sich an Aktivitäten wie Wandern oder Fischen. Die Entwicklung des Autos und der Ausbau der Straßennetze ermöglichten das Reisen abseits der gewohnten Wege und die pure Schönheit zu genießen. Mit der zunehmenden Popularität von Autos kam es schließlich zu der Anpassung der ersten Fahrzeuge. Reisende waren nun nicht mehr länger auf festgelegte

Abfahrpläne angewiesen und konnten eigenständig Entscheidungen treffen und auf Reisen gehen. Diese Fahrzeuge boten eine kostengünstige Alternative zu teuren Reisen mit der Bahn und erlaubten es auch einkommensschwächeren Familien, neue Ziele im Heimatland zu entdecken.

In Europa erfreute sich der Campingurlaub großer Beliebtheit nach dem Zweiten Weltkrieg. Mit den immer günstigeren Flugpreisen verloren Reisende im späten 20. Jahrhundert jedoch das Interesse an Urlauben im Heimatland und bevorzugten eine Reise ins europäische Ausland. In Nordamerika hingegen ist diese Entwicklung bis heute nicht so stark ausgeprägt wie in Europa und das hängt zum Großteil mit der Größe der USA und Kanadas zusammen.

Die Geschichte Kanadas ist sehr jung und viele Regionen des Landes waren bis vor etwa hundert Jahren noch nicht einmal erschlossen. Lange Zeit spielte die *Canadian Pacific Railway* eine Schlüsselrolle in der Erschließung des Landes und war die einzige Verbindung zwischen den großen Drehkreuzen Kanadas. Gerade für Menschen, die in den abgelegenen Regionen des Landes lebten, war ein Anschluss an die großen Städte lange Zeit begrenzt und Reisen mit der Bahn sehr teuer. Schließlich kam es zum Bau der ersten Straßen, und Kanadier hatten die Möglichkeit, das Land mit dem eigenen Fahrzeug zu erkunden. Zunächst ging es mit dem Auto und Zelt und schließlich mit den ersten an das Campen angepassten Fahrzeuge auf Tour.

Das Reiseverhalten der Kanadier hat sich bis heute nicht maßgeblich verändert. Zwar reisen nun auch immer mehr ins Ausland, und mit dem Ausbau der Flughäfen, insbesondere in den großen Ballungsräumen des Landes, sind heute andere Länder in relativ kurzer Zeit erreichbar. Trotz allem darf das Ausmaß des Landes nicht vergessen werden. Grundsätzlich sind Flüge im kanadischen Inland relativ teuer und nicht mit den Preisen von Billiganbietern in Europa zu vergleichen. Allein aus diesem Grund hat sich der Urlaub mit dem Wohnmobil als beliebte Reiseart in Nordamerika etabliert. Viele Familien können sich einen Sommerurlaub im Ausland nicht leisten und verreisen innerhalb des Landes. Hier bietet sich ein Wohnmobil oder Wohnwagen als kostengünstige Reisevariante an, da Kosten wie Hotelübernachtungen und teure Restaurantbesuche vermieden werden können. Für viele Kanadier ist das Reisen mit dem Wohnmobil eine liebgewonne Kindheitserinnerung und gehört zu jedem Sommerurlaub dazu.

Kanada hat viel zu bieten und die Nähe zur Natur ist seit jeher ein großer Bestandteil der kanadischen Identität. Die Entwicklung von hochmodernen Fahrzeugen, die über jeglichen Komfort verfügen, haben dazu beigetragen, dass immer mehr Besucher das Campen in Kanada für sich entdecken und diese Art des Reisens mittlerweile nicht mehr nur als günstige Alternative zu Fernreisen verpönt wird. Mit dem wachsenden Interesse an Campingurlauben und den immer moderneren RVs hat sich auch die Infrastruktur innerhalb des Landes gewandelt. Campingplätze, ob staatlich oder privat, lassen sich nun nahezu überall finden, Parkplätze speziell für Wohnmobile sind eine Selbstverständlichkeit und jede größere Tankstelle verfügt über eine Abwasserentsorgungsstation (*dumping station*). Durch die zunehmende Kapazität der Abwassertanks und die Einführung von Solarzellen zum Aufladen der Batterien, neben den typischen Generatoren, ist es nun möglich, auch längerfristig autark zu sein. Viele Nordamerikaner stellen ihre Anhänger und Wohnmobile saisonal auf Campingplätzen ab und nutzen diese als *weekend getaway*.

Warteschlange vor der Baustelle – Nordamerikaner auf Reisen

Wer durch Kanada reist, wird feststellen, wie beliebt Camping ist, und vielen Nordamerikanern mit den verschiedensten Fahrzeugen begegnen. Für einige von ihnen ist das Leben in einem Wohnmobil ein selbstgewählter *way of life*, in dem es keinen festen Wohnsitz mehr gibt und das Wohnmobil zum wortwörtlichen Eigenheim wird. Die meisten sind ausgesprochen herzliche Menschen, für die es selbstverständlich ist, den Platznachbarn zum Grillen oder auf ein Glas Wein einzuladen. Man sollte diese Angebote definitiv nicht ausschlagen, denn oft haben diese Menschen spannende Geschichten von ihrem Leben im Wohnmobil zu erzählen, und man macht häufig Bekanntschaften, an die man sich auch in zwanzig Jahren noch gern erinnert.

1.2 Das Straßennetz Kanadas

Kanadas Straßen sind größtenteils zweispurig und meist gut gepflegt. Insbesondere Verbindungsstraßen zwischen größeren Städten, wichtige Highways oder Straßen, die in touristisch attraktive Gebiete führen, sind grundsätzlich in gutem Zustand. Häufig findet man mehrspurige Straßen nur in der Nähe größerer Städte und Ballungsgebieten. Im Vergleich zu den uns gewohnten Straßen in Deutschland sind die Straßen in Kanada wesentlich breiter und man hat selten Schwierigkeiten mit dem Wohnmobil zurechtzukommen. Einzig in den Städten kann es teilweise schwierig werden, um enge Kurven zu kommen oder einen geeigneten Parkplatz zu finden. Nicht selten gibt es jedoch Ausweichstraßen für übergroße Fahrzeuge oder sogenannte RV-Routen, die einen durch die Stadt und zu den Sehenswürdigkeiten bringen.

Das sogenannte *National Highway System* umfasst etwa 38.000 Kilometer Straße in ganz Kanada (Stand 2005). Dabei wird zwischen Kernstrecken, Zubringerstraßen und nördlichen bzw. abgelegenen Straßen unterschieden.

Als Kernstraßen werden diejenigen bezeichnet, die eine Schlüsselrolle in der Erschließung des Landes spielen und wichtige Verbindungen innerhalb von Provinzen und zwischen Provinzen darstellen. Dazu gehören unter anderem der berühmte *Trans-Canada Highway* (Highway 1), der sich von Victoria, BC, bis nach St. John's, NL, erstreckt und die längste Nationalstraße Kanadas ist, oder der *Yellowhead Highway* (Highway 16), der auf dem Festland Kanadas von Prince Rupert, BC, bis nach Winnipeg, MB, verläuft.

Die Zubringerstraßen sind in den meisten Fällen ebenfalls gut gepflegt und bilden eine Schlüsselverbindung zu wichtigen Grenzübergängen oder kleineren Städten weiter im Landesinneren oder Norden.

Immer geradeaus in den Northwest Territories

Die dritte Kategorie bilden die sogenannten *Northern and Remote Routes*, die eine wichtige Verbindung zu abgelegenen Siedlungen bilden. Hierzu gehören beispielsweise der Dempster Highway, der das abgelegene Inuvik in den Northwest Territories ganzjährig mit dem Yukon und Klondike Highway verbindet, oder der Stewart-Cassiar Highway (Highway 37), welcher eine Ausweichstraße zum Alaska Highway ist und den südlichen Yukon mit dem nördlichen British Columbia verbindet. Diese Straßen sind in den meisten Fällen Schotterstraßen, die von der Regierung instand gehalten werden, aber definitiv nicht als Schnellstraßen bezeichnet werden können.

Ontario und British Columbia verfügen über das größte Netz an Kernstraßen, was aufgrund der Bevölkerungsdichte und Bedeutung der beiden Provinzen in der kanadischen Ökonomie nicht überrascht. Grundsätzlich kann davon ausgegangen werden, dass Straßen, die für den Tourismus von Bedeutung sind, stets gut instand gehalten werden. Baustellen können sich hierbei über mehrere Kilometer erstrecken und werden dabei oft durch miserable Schotterstraßen ersetzt. Es ist in Kanada eher untypisch, dass Baustellen kurz sind und stattdessen gern bis zu 15 oder 20 Kilometer lang sind. Dies trifft jedoch nur auf die Straßen außerhalb der Städte zu und kann mit dem typischen Stadtchaos nicht verglichen werden. Grundsätzlich sollte immer überlegt werden, ob größere Städte wie Vancouver oder Toronto nicht vielleicht doch eher fußläufig oder mithilfe von öffentlichen Verkehrsmitteln erkundet werden. Hier bietet es sich an, einen Campingplatz in Nähe der Stadt oder einen etwas kostengünstigeren Parkplatz am Randgebiet zu suchen.

Das *National Highway System* umfasst jedoch nicht das gesamte Straßennetz Kanadas. Hinzu kommen noch unzählige Straßen im Landesinneren und Norden, denen keine gleichwertige Bedeutung zugeschrieben wird. Dazu zählen kürzere Verbindungsstraßen und Landstraßen, die die verschiedenen Regionen erschließen, sowie unzählige Umgehungsstraßen in Ballungsgebieten und jegliche Formen von Untergrund, die zur Nutzung für Fahrzeuge angelegt sind.

1.3 Der Straßenbelag entscheidet

Kanada ist ein großes Land und die Instandhaltung der Straßen kann hier besonders schwierig und zeitaufwendig sein. Insbesondere in den abgelegenen und dünn besiedelten Regionen des Landes sowie im Norden finden sich unzählige *gravel roads*. Diese Straßen sind nicht asphaltiert und in den meisten Fällen nur mit Schotter oder Rollsplit (*chip seal*) überzogen. In einigen Fällen kann es sich hierbei auch um sandige Untergründe handeln, die, insbesondere bei

gravel road **auf dem Dempster Highway**

schlechten Wetterverhältnissen, zu anspruchsvollen und nicht ungefährlichen Strecken werden. Gerade im Norden des Landes wird man diesen Straßen öfter begegnen. Das hängt zum größten Teil mit der Beschaffenheit des Untergrunds zusammen. Da Asphaltbeläge eine versiegelte und geschlossene Oberfläche bilden, ist es nicht untypisch, dass diese Straßen aufgrund starker Temperaturschwankungen aufbrechen oder durch Regenfälle unterspült werden. Hier eignen sich *gravel roads* besser. Nachteile: Da es sich hierbei um einen nicht befestigten Untergrund handelt, wird dieser durch die Autos und Regenfälle schneller abgetragen. Die Pflege dieser Straßen ist dementsprechend wesentlich aufwendiger. Und, gerade wenn es sich um eine *gravel road* mit einem sandigen oder gar lehmigen Unterboden handelt, kann eine Fahrt durch Regenfälle zur gefährlichen Rutschpartie werden. Unter Umständen kann es auch zu tiefen Querrillen, dem sogenannten *washboarding*, kommen, was einem eine Weiterfahrt nur im Schneckentempo ermöglicht.

Beim Befahren von *gravel roads* ist zu beachten:

Gute Wetterbedingungen: Wenn die Straße trocken und in gutem Zustand ist, wird durch das Befahren meist viel Staub aufgewirbelt, der die Sichtverhältnisse extrem einschränkt. Dann ist es wichtig den Abstand zu Fahrzeugen zu vergrößern und mit größter Vorsicht zu fahren. Durch das nicht ausbleibende Einstauben des Fahrzeugs kann es zu Schwierigkeiten mit dem Wasserheizer, der Heizung oder anderen Geräten kommen. Sollte man dies feststellen, kann man zunächst versuchen das Fahrzeug etwas zu reinigen, bevor der Vermieter kontaktiert wird. Außerdem sind die Dichtungen der Fahrzeuge teilweise nicht für derart staubige Bedingungen ausreichend, und man sollte von Vornherein die Campertüren mit Handtüchern abdichten. Insbesondere der Feinstaub legt sich gern auf den Schlössern nieder und kann sehr hartnäckig sein. Bevor man versucht die verschiedenen Außenfächer zu öffnen, zunächst die Schlösser etwas reinigen, um ein Haken zu vermeiden.

Schlechte Wetterbedingungen: Sollte es die Tage zuvor geregnet haben oder am Reisetag selbst regnen, muss mit besonderer Vorsicht gefahren werden. Die *gravel roads* können durch den abgetragenen Straßenbelag sehr rutschig werden und es muss mit Unterspülungen gerechnet werden. Zudem sind die Fahrbahnränder grundsätzlich schlecht befahrbar, am besten möglichst in der Fahrbahnmitte fahren, um ein Abrutschen an den *soft shoulders* zu vermeiden. Zusätzlich bitte vermehrt auf den Gegenverkehr achten!

Bei Gegenverkehr versuchen weiter an den Straßenrand zu fahren (nur wenn möglich!), um aufgeschleuderten Splitt zu vermeiden. Dieser kann den Lack und die Windschutzscheiben beschädigen. Steinschläge sind ein häufiger Schaden an Wohnmobilen und viele Vermieter bieten Zusatzversicherungen an.

Spurrinnen und Schlaglöcher kommen häufig vor und sind teilweise nur schwer zu umgehen. Tempo anpassen, um Fahrzeugschäden zu vermeiden!

Soft shoulder-Hinweisschilder sehr ernst nehmen! Die aufgeschütteten *gravel roads* verfügen häufig über eine steile und weiche Straßenkante. Gerade in engen Kurven oder wenn zu dicht am Rand gefahren wird, können schwere Fahrzeuge einsinken und im schlimmsten Fall umkippen!

Sollten Baustellen passiert werden, kann es vorkommen, dass der lose Straßenbelag aufgeschleudert wird und Lackschäden verursacht. Des Weiteren können sich Teerflecken am Fahrzeug festsetzen. Je nachdem wie groß diese sind, können Vermieter dafür Kosten berechnen. Die Reinigung ist sehr aufwendig und schwer, sobald der Teer getrocknet ist.

Wichtig ist, dass man sich den Straßenverhältnissen anpasst. Diese Regel gilt überall, doch gerade in den abgelegenen Regionen sollte man sich dies auch zu Herzen nehmen. Insbesondere wenn man mit dem Wohnmobil reist und eine Panne oder Unfall um jeden Preis vermeiden möchte. Diejenigen, die sich für ein Wohnmobil entscheiden, in dem der Übergang von der Fahrerkabine zum Wohnbereich offen ist, werden dies grundsätzlich schneller beherzigen als diejenigen, die mit einem Truck Camper unterwegs sind. Der Grund: Niemandem entgeht, wie sehr das Fahrzeug wackelt und das Geschirr im hinteren Teil des Fahrzeugs klirrt! Das ist nervenaufreibend und erfordert zudem ein

Unterwegs mit Anhänger

Aufräumen nach Ankunft am Tagesziel! Viele meiner Kunden haben diese Erfahrung auf den *gravel roads* erst machen müssen, um bei Rückgabe stolz von ihren entwickelten Strategien zur Sicherung des gesamten Hab und Guts zu berichten. Diejenigen, die sich für einen Truck Camper entscheiden, neigen dazu, gern zu vergessen, welchen Einfluss Schotterstraßen auf den Inhalt ihres Campers haben. Gerade da die großen Ford- oder Dodge-Trucks für derartige Straßenverhältnisse besser geeignet sind. Der Vorteil: Man hört nicht, wenn im Küchenbereich eine Tür aufspringt und ein Glas zerbricht. Der Nachteil: Das Chaos am Ende des Tages ist größer!

Natürlich sollte man seine Geschwindigkeit nicht nur aufgrund der Tatsache anpassen, dass man ein Chaos am Ende des Tages vermeiden möchte, sondern auch um kein Risiko einzugehen und eine erholsame Reise zu genießen. Das

Fahren auf *gravel roads* verlangt Umsicht und Geduld! Häufig werden *gravel roads* auf Straßenkarten nicht gesondert gekennzeichnet. Aus diesem Grund empfiehlt es sich, sich in den Besucherzentren nach den Straßenbedingungen zu erkundigen, um böse Überraschungen zu vermeiden. Weiterhin kann man sich im Internet über aktuelle Straßenverhältnisse (inklusive Verkehrsmeldungen und Unfällen) erkundigen. In Kapitel 2.1 sind die wichtigsten Verkehrsseiten der verschiedenen Provinzen und Territorien gelistet.

Viele Vermieter weisen bei der Übernahme auf *gravel roads*, die für das Befahren mit dem Mietfahrzeug verboten sind, hin. Sollte man sich über diese Verbote hinwegsetzen, muss man darauf vorbereitet sein, dass der Versicherungsschutz erlischt und, im schlimmsten Fall, der Abschleppdienst nicht in der Lage ist, das Fahrzeug zu bergen, auch nicht auf eigene Kosten.

Auf den meisten Landstraßen und Highways Kanadas liegt die zugelassene Höchstgeschwindigkeit bei 90 km/h oder 100 km/h, das heißt jedoch nicht, dass man diese auch konsequent halten muss. Gerade auf den *gravel roads* ist, je nach Zustand, eine Höchstgeschwindigkeit von 30 km/h ratsam. Viele Kanadier werden mit den Touristen nicht übereinstimmen und wesentlich schneller an einem vorbeiziehen, aber man sollte nicht vergessen, dass man mit einem Mietfahrzeug unterwegs ist und die Straßenverhältnisse nicht unterschätzen sollte!

Wichtig ist, dass man sich bei der Planung seiner Reise mit der Strecke vertraut macht und über die möglichen Straßenbedingungen informiert. Der Straßenbelag entscheidet in vielen Fällen darüber, wie schnell gefahren werden kann, und man sollte sich bewusst sein, dass das Befahren von *gravel roads* anspruchsvoller und zeitaufwendiger ist. Wenn man dies bei der Planung seiner Reise und den Tagesetappen berücksichtigt, ist man bereits einen Schritt näher an einem stressfreien und erholsamen Campingurlaub!

1.4 Fahr- und Verkehrsregeln in Kanada

Wie in Deutschland wird in Kanada auf der rechten Straßenseite gefahren, was einige überraschen mag, gehört Kanada doch zum *British Commonwealth of Nations* (heute nur noch als *Commonwealth of Nations* bekannt). Sowohl in Großbritannien als auch in Australien oder Neuseeland wird auf der linken Straßenseite gefahren, nicht so in Kanada.

Außerdem werden Geschwindigkeiten in Kanada wie auch in Deutschland in Kilometer pro Stunde angegeben. Wer von Kanada aus in die USA fährt, muss beachten, dass Geschwindigkeiten hier in Meilen pro Stunde aufgeführt werden. Grundsätzlich gelten in Kanada folgende Tempolimits: 50 km/h in Ortschaften und Städten, 90 km/h auf Landstraßen und Highways. Dennoch sollte man die Augen immer offen halten und auf Schilder, die Geschwindigkeiten vorgeben, achten. In der Nähe von Schulen, Kindergärten oder Krankenhäusern gilt häufig eine Höchstgeschwindigkeit von 30 km/h und diese sollte auch dringendst eingehalten werden. Gerade in dicht besiedelten Gebieten werden Tempolimits streng kontrolliert!

Busse im öffentlichen Stadtverkehr dürfen nur mit äußerster Vorsicht überholt werden. Dabei sollte eine Geschwindigkeit von 20 km/h nicht überschritten werden. Schulbusse dürfen, wenn haltend, vom folgenden Verkehr nicht überholt werden! Entgegenkommender Verkehr muss vor Erreichen des Schulbusses anhalten und darf erst weiterfahren, wenn die Warnlichter des Schulbusses ausgeschaltet und das „Stop"-Schild eingeklappt wurde. Wer diese Verkehrsregel bricht, muss mit einer immensen Strafe rechnen. Diese Regel gilt allerdings nicht für Gegenverkehr, der durch einen Median abgetrennt wird. Ein Median ist eine Erhebung, Absenkung oder Erdanhäufung, die eine Straße, auf der beidseitiger Verkehr fährt, abtrennt.

Warten auf das *pilot car*

Das uns so bekannte Rechts-vor-Links in Siedlungen und Nebenstraßen gibt es in Kanada in dieser Form nicht. Grundsätzlich hat Verkehr, der geradeaus fährt, Vorfahrt gegenüber Verkehr, der abbiegt. Häufig wird die Vorfahrt mit Stoppschildern geregelt. Ein in Deutschland unbekanntes Straßenschild ist der *four-way-stop*. Hier müssen alle Verkehrsteilnehmer anhalten. Derjenige, der als erste an der Haltelinie zum Stehen kommt, hat Vorfahrt gegenüber den anderen Verkehrsteilnehmern. Das mag zunächst verwirrend klingen, wird jedoch deutlich, wenn man die Kreuzung aufmerksam beobachtet.

Baustellen in Kanadas dicht besiedelten Gebieten werden häufig durch Ampeln oder Mitarbeiter mit einem *Stop/Go*-Schild geregelt. In den meisten Fällen gilt hier eine Höchstgeschwindigkeit von 30 km/h. In den ländlicheren Regionen, in denen teilweise große Teile der Straße aufgerissen werden, kann es sein, dass man von einem sogenannten *pilot car* durch die Baustelle geführt wird. Die Baustelle darf erst passiert werden, wenn das *pilot car* dem Verkehr das Zeichen zum Folgen gegeben hat. Wichtig ist, dass man immer dem Vordermann, sollte dies nicht das *pilot car* selbst sein, folgt. Gerade da es sich hierbei oft um Straßen mit schlechten Untergrund handelt, sollte stets ein großzügiger Abstand zum Vordermann gehalten werden.

Immer dem *pilot car* folgen

In Kanada gibt es sowohl weiße als auch gelbe Fahrbahnmarkierungen. Gelbe Fahrbahnmarkierungen trennen entgegengesetzten Verkehr. Weiße Markierungen trennen Verkehr, der in dieselbe Richtung fährt. Ist die gelbe Linie durchgezogen, heißt das grundsätzlich nicht, dass ein Überholen verboten ist, sondern dass dies nur unter besonderen Umständen erlaubt ist.

In den größeren Ballungsgebieten des Landes gibt es sogenannte *reserved lanes*, die nur von gewissen Fahrzeugen befahren werden dürfen. Hierbei kann es sich entweder um Fahrbahnen handeln, die nur von Bussen befahren werden dürfen, oder Spuren, die für *high occupancy vehicles* (HOV's) reserviert sind. Wichtig: Diese Spuren sind teilweise nur zu Stoßzeiten für eben genannte Fahrzeuge reserviert. Auf die Beschilderung achten! Diese Fahrbahnen sind mit einem weißen Diamanten markiert.

Außerhalb der Städte und gerade in bergigen Regionen sind *passing lanes* sehr beliebt. Diese Fahrbahnen sind für langsamere Verkehrsteilnehmer wie Lkw oder Wohnmobile vorgesehen und sollen schnelleren Verkehrsteilnehmern ermöglichen, diese zu überholen. Bitte Rücksicht auf andere Verkehrsteilnehmer nehmen und diese nutzen! Sollte es keine *passing lane* geben und man merkt, dass sich hinter einem eine längere Kolone bildet, bitte die nächste Haltebucht nutzen, um den Verkehr vorbeizulassen und Gefahren, die bei riskanten Überholmanövern entstehen können, zu vermeiden.

Ampeln (*traffic lights*) sind in Kanada häufig nur in größeren Städten oder an wichtigen Kreuzungen zu finden. Hier befinden sie sich hinter der Kreuzung! Bitte darauf achten, dass man nicht versehentlich an diese heranfährt und auf der Kreuzung landet. Häufig wird der Verkehr in Stadtnähe auch mithilfe von Kreiseln (*roundabouts*) geregelt. Beim Einfahren in den Kreisverkehr bitte das Ausmaß des Wohnmobils beachten! Neben den einspurigen Kreiseln gibt es auch mehrspurige Kreisverkehre, die teilweise etwas mehr Konzentration erfordern.

Achtung Bisons!

Bisons entlang des Alaska Highway, südlich von Watson Lake

Wie auch in Europa muss man in Kanada jederzeit darauf vorbereitet sein, dass einem Wild vor das Fahrzeug laufen kann. Von kleinerem Wild wie Hasen, Füchsen und Stachelschweinen bis zu Rehen, Rentieren, Bären und Elchen muss man mit allem rechnen. Insbesondere Elche stellen ein großes Verkehrsrisiko dar. Durch die Größe und Masse der Tiere sowie ihre langen Beine landen sie bei einem Unfall oft direkt auf der Windschutzscheibe des Fahrzeugs, was fatale Folgen für die Passagiere haben kann. Gerade an der Ostküste des Landes kommt es im Landesvergleich häufiger zu Wildunfällen, die Rehe oder Elche involvieren. In den Prärien muss man zudem häufiger mit entlaufenen Farmtieren, die die Straßen überqueren, rechnen. Hinweisschilder sollten in jedem Fall ernst genommen werden.

Überblick über gängige Verkehrsschilder

- *Max. 70 km/h – Advisory Speed* – die maximale Geschwindigkeit, die bei guten Bedingungen gefahren werden darf.

- *Pedestrian crosswalk* – Fußgängerübergang

- *50 km/h mit Pfeil – Speed Limit Ahead* – Weist auf eine kommende Änderung der Maximalgeschwindigkeit hin.

- *Pedestrian activated crosswalk* – An diesem Fußgängerübergang muss gehalten werden, wenn die Lichter aufleuchten.

- *Slower Traffic Keep Right* – Meist in Zusammenhang mit einer *passing lane*. Bitte als langsamerer Verkehrsteilnehmer auf die rechte Spur wechseln, um anderen Fahrzeugen das Überholen zu ermöglichen.

- *Only buses and HOVs in this lane* – Reservierte Spur für Busse und *high occupancy vehicles*. Eine Abbildung auf dem Schild weist darauf hin, wie viele Passagiere mindestens in dem Fahrzeug sitzen müssen.

- *Passing Lane Ahead* – Verweis auf eine *passing lane*. Überholspur. Bitte nutzen, um andere Fahrzeug passieren zu lassen oder selbst langsamere Verkehrsteilnehmer zu überholen.

- *Resume Speed* – Häufig nach Baustellen. Die Geschwindigkeit darf wieder aufgenommen werden.

- *No right turn on red light* – Hier darf bei rot nicht rechts abgebogen werden. Nicht verwechseln mit ‚recht abbiegen grundsätzlich verboten'.

- *Route marker* – Highway Beschriftung

- *School zone* – Schulzone. Geschwindigkeit reduzieren und erst wieder erhöhen, nachdem ein *end school zone* Schild passiert wurde.

- *School bus stop ahead* – Achtung, Schulbushaltestelle

• *Construction ahead* – Ankündigung einer Baustelle

• *Traffic-control person ahead* – Achtung, Baustellenarbeiter regeln den Verkehr.

• *Roundabout* – Kreisverkehr

• *Merging traffic ahead* – Vereinigung von Verkehrsströmen

• *Danger or hazard ahead* – Gefahrenstelle. Bitte links oder rechts umfahren.

• *Steep hill ahead* – Achtung, steiler Abhang. Langsam fahren.

• *Falling Rocks* – Erdrutsche oder Steinschläge

• *Two-way left-turn lane* – Fahrer auf beiden Seiten teilen diesen Mittelstreifen, um links abzubiegen.

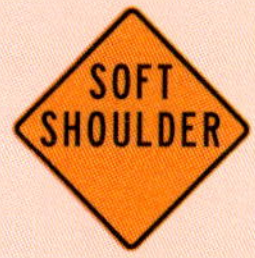

• *Soft shoulder* – weicher Straßenrand. Achtung, nicht zu dicht am Fahrbahnrand fahren.

• *Stop sign ahead* – Achtung, Stoppschild in Kürze

• *Curb lane of cross street ahead is a reserved lane* – Beim Abbiegen darauf achten, dass der Seitenstreifen/die rechte Spur eine reservierte Spur ist!

• *Narrow structure* – Die Straße verengt sich. Meistens eine Brücke.

• *Railway crossing on side road ahead* – Beim Abbiegen auf den Bahnübergang achten.

• *Pavement ends ahead* – Achtung, der Straßenbelag ändert sich. Häufig von geteerter Straße zu *gravel road.*

• *Railway Crossing* Bahnübergang, häufig gibt es keine Schranken oder Ampeln. Beim Überqueren auf Bahnverkehr achten. Kommt vor allem in den *Praries* vor.

Das Parken kann mit dem Wohnmobil oder Camper eine ganz schön große Herausforderung darstellen. In den Städten ist der Verkehr meist dicht und Parkplätze lassen sich nur schwer finden. Ist endlich ein Parkplatz gefunden, ist dieser meist teuer. Ist geplant, eine der größeren Städte zu besuchen, sollte man entweder einen privaten Campingplatz mit Nähe zu öffentlichen Verkehrsmitteln in Erwägung ziehen oder, wenn es nur ein Tagesausflug sein soll, ganz auf öffentliche Verkehrsmittel zurückgreifen.

Auf dem Weg in die Rockies

Wer falsch parkt, kann entweder einen Strafzettel (*ticket*) auf der Windschutzscheibe finden oder, im schlimmsten Fall, kostenpflichtig abgeschleppt werden. *Parking tickets* kann man in den meisten Rathäusern (*city halls*) direkt begleichen. Meist kommen Sünder sogar mit einer geringeren Strafe davon, wenn der Strafzettel noch am gleichen Tag bezahlt wird. In anderen Fällen kann ein *ticket* auch online beglichen werden.

Walmart ist eine bekannte Supermarkt-Kette aus den USA, die auch in jeder größeren kanadischen Stadt gefunden werden kann. Viele dieser Märkte erlauben es Campern mit ihren Wohnmobilen auf ihren Parkplätzen über Nacht zu stehen. Dies erfreut sich besonderer Beliebtheit bei Einheimischen und Durchreisenden. Viele Jahre war Walmart eine direkte Anlaufstelle für Camper, da man sich eines kostenfreien und breiten Parkplatzes stets sicher sein konnte. In den letzten Jahren jedoch haben sich immer mehr Märkte davon abgewandt und heute muss man nun schauen, ob ein Übernachten erlaubt oder verboten ist!

Wer von der Polizei geblitzt wird, muss in der Regel gleich bezahlen. In Kanada sind, anders als in Deutschland, Radarpistolen üblich; fest installierte Blitzer findet man kaum. Da jede Provinz eigene Verkehrsregeln festlegen darf, sind auch die Strafen von Provinz zu Provinz oft unterschiedlich. Als *excessiv speeding* gilt in British Columbia eine Geschwindigkeit von mehr als 40 km/h über dem erlaubten Tempolimit. Für Kanadier beträgt die Strafe hierfür 368 Dollar plus drei Strafpunkte in der Kartei (Stand November 2017). Für Ausländer kann diese Strafe unter Umständen noch höher ausfallen.

Alkohol am Steuer ist auch in Kanada verboten! Fahrer, die aufgrund ihres auffälligen Fahrverhaltens von der Polizei angehalten werden oder einen Blutalkoholgehalt von 0,8 Promille oder mehr aufweisen, haben unter dem *Criminal Code of Canada* eine Straftat begangen.

TIPP:

Gebühren und Punkte für Straftaten in British Columbia

- www.icbc.com/driver-licensing/tickets/Pages/fines-points-offences.aspx

Anschnallen ist Pflicht in Kanada! Vielerorts weisen Schilder auf die Anschnallpflicht hin. Dies gilt auch für die Mitfahrer die im hinteren Bereich des Wohnmobils sitzen. Herumlaufen während der Fahrt ist verboten!

Kindersitze sind in Kanada eine Voraussetzung. Wie auch in Deutschland werden hier verschiedene Altersstufen unterschieden. In British Columbia gelten die folgenden Regeln:

- Säuglinge und Kleinkinder bis zu einem Alter von 12 Monaten müssen in rückwärts gerichteten Kindersitzen angeschnallt sein.
- Kleinkinder müssen ab einem Alter von einem Jahr und mit einem Gewicht von mindestens 9 Kilogramm auf einem vorwärts gerichteten Kindersitz angeschnallt sein. Diese Regelung gilt für Kinder bis zu einem Gewicht von 18 Kilogramm.
- Kinder unter 9 Jahren benötigen einen Kindersitz mit Gurt, solange sie eine Körpergröße von 145 cm noch nicht erreicht haben.
- Kinder ab 9 Jahren brauchen keinen Kindersitz mehr. Es genügt ein normal sitzender Gurt.

Kanadas Verkehrsregeln sind den Regeln in Deutschland sehr ähnlich. Wer aufmerksam ist und stets ausgeruht fährt, wird schnell feststellen, dass es keiner großen Umgewöhnung bedarf, um sich auf den Straßen Kanadas sicher fortzubewegen.

2. Streckenplanung

Straßenbeschilderung in den Northwest Territories

2. Streckenplanung

Bevor es nach Kanada geht, sollte man klären, wo es denn hingehen soll. Was möchte ich sehen? Wie viel Zeit habe ich? Wo liegen meine Prioritäten während des Urlaubs – ein Mix aus Stadt und Natur, Tagesausflüge oder ein gemütlicher *roadtrip*? Die meisten Wohnmobilurlauber entscheiden sich für einen Standort, an dem sie ihr Wohnmobil übernehmen und auch zurückgeben, aber man kann sich auch überlegen, ob nicht eine Einwegmiete die bessere Wahl für die eigene Reise ist. Auf die sogenannten *one-ways* gehe ich an späterer Stelle noch einmal etwas ausführlicher ein.

Wie bereits im ersten Kapitel erwähnt, handelt es sich bei Kanada um das zweitgrößte Land der Welt, und das heißt auch, dass es viel zu entdecken gibt. Viele Besucher planen ihre Reise, als gäbe es kein Morgen mehr, und versuchen in den typischen zwei bis drei Wochen Urlaub mehrere tausend Kilometer abzudecken. Ich kann das sehr gut verstehen, insbesondere, sobald man sich angesehen hat, was es in dem ausgewählten Zielgebiet alles so zu entdecken gibt. Aber ich kann jedem Kanadareisenden nur nahelegen, es langsam angehen zu lassen. Manchmal macht einem das Wetter einen Strich durch die Rechnung und man hat in den Rockies nur Wolken gesehen, oder es regnet wie aus Eimern, wenn man doch gerade gerne am Long Beach auf Vancouver Island spazieren gehen würde. Man sollte, wie auch im Heimaturlaub, auf jegliche Wetterbedingungen eingestellt sein und sich selbst den Freizeitstress nehmen, dass man am nächsten Tag doch schon 200 Kilometer weiter nördlich sein sollte. Außerdem kommt es auch gerne mal vor, dass Campingplätze ausgebucht sind oder die Walbeobachtungstour an der Ostküste in der Nebensaison nur zweimal die Woche stattfindet. Da wäre es doch schade, wenn man die Gelegenheit verpasst, und selbst wenn man zu Hause seine Hausaufgaben erledigt und eine ausgiebige Recherche betreibt, kann man nicht immer alle Eventualitäten berücksichtigen. Die meisten zieht es nach einem ersten Besuch in Kanada eh früher oder später wieder zurück. Das ist quasi ein ungeschriebenes Gesetz! Also es lieber entspannt angehen lassen, schließlich ist das hier immer noch ein Campingurlaub!

Die Streckenplanung ist das A und O und man sollte sich über einige Dinge im Klaren sein, wenn man sich mit der Route der Wohnmobilreise befasst. In den folgenden Kapiteln wird auf wichtige Faktoren eingegangen, die man bei der Planung berücksichtigen sollte. Zuerst steht jedoch die Entscheidung für ein Kerngebiet, das erkundet werden soll, an. Anschließend kann man sich erkundigen, welche Wohnmobilvermieter in dieser Region über Standorte verfügen und welcher den persönlichen Ansprüchen am ehesten gerecht wird.

2.1 Zeit als Maß aller Dinge

Das folgende Thema wurde bereits zuvor angerissen: Zeit ist einer der wichtigsten Faktoren, die man bei der Planung der Reise berücksichtigen sollte. Nach meiner Erfahrung planen die meisten Urlauber zwei bis drei Wochen für ihre Reise mit dem Wohnmobil in Kanada ein. Je nachdem für welches Zielgebiet sie sich innerhalb des Landes entscheiden, ist das auch ein Zeitrahmen, in dem man ohne Stress viel entdecken kann. Grundsätzlich empfiehlt es sich, dass man sich die geplante Route auf einer Karte anschaut und die Distanzen berechnen lässt (zum Beispiel mit Google Maps). So bekommt man ein besseres Gefühl dafür, wie viele Kilometer im Schnitt zurückgelegt werden müssen, und man weiß von vornherein, welche Etappen länger oder kürzer ausfallen werden.

Ein wichtiger Hinweis an dieser Stelle: Auch wenn Google Maps eine Zeit angibt, die es benötigt, um von A nach B zu kommen, sollte man sich darauf nicht zu sehr verlassen. Straßen- und Wetterbedingungen sowie Fahrzeugtyp entscheiden darüber, wie schnell man von einem Ort zum nächsten gelangt. Des Weiteren sollte berücksichtigt werden, dass man vermutlich nicht konstant mit 90 km/h den Highway entlang saust, sondern ab und an auch Schlaglöchern und Spurrillen ausweichen muss und hier und da anhält, um das örtliche *wildlife* zu beobachten. (Wie man das macht, ohne eine Verkehrsbehinderung darzustellen und sich selbst in Gefahr zu bringen, wird im Anhang näher erläutert!). Der Sinn eines *roadtrips* ist schließlich nicht, am schnellsten von Toronto bis Halifax zu fahren, sondern den Urlaub zu genießen und am Ende erholt nach Europa zurückzukehren.

On the road ...

Grundsätzlich sind Recherchen vor Antritt der Reise sinnvoll: Man macht sich mit der Strecke vertraut und legt fest, welche Sehenswürdigkeiten, Wandertouren etc. man auf gar keinen Fall verpassen möchte. Anhand dieser Liste lässt sich eine Reiseroute sehr viel einfacher festlegen.

Außerdem empfiehlt es sich, in regelmäßigen Abständen und insbesondere vor Antritt einer Route abseits der üblichen Wege die aktuellen Straßenbedingungen zu checken. Die Information über die Bedingungen erhält man entweder beim örtlichen Besucherzentrum (*visitor information centre*) oder online, wenn man nach *road conditions* (Straßenbedingungen) für das jeweilige Gebiet sucht. Für einige Provinzen und Territorien genügt es auch einfach, wenn man 511 und das jeweilige Gebiet angibt. Oder per Telefon – einfach 511 wählen, um so über aktuelle Straßenbedingungen informiert zu werden.

Wichtige Verkehrsseiten für Wohnmobilreisende

Alberta:	511.alberta.ca/
British Columbia:	www.drivebc.com/mobile/map/index.html#
Manitoba:	www.manitoba511.ca/en
New Brunswick:	www2.gnb.ca/content/gnb/en/departments/dti/highways_roads/content/511.html
Newfoundland & Labrador:	www.roads.gov.nl.ca
Northwest Territories:	www.dot.gov.nt.ca/Highways/Highway-Conditions
Nova Scotia:	511.novascotia.ca/en/index.html
Nunavut:	www.highwayconditions.com/nu/
Ontario:	www.mto.gov.on.ca/english/traveller/trip/
Prince Edward Island:	511.gov.pe.ca/en/map_report.html
Québec:	www.quebec511.info/en/Default.aspx
Saskatchewan:	www.saskatchewan.ca/residents/transportation/highways/highway-hotline
Yukon:	www.511yukon.ca/en

2.2 Mehr Strecke heißt nicht gleich mehr sehen

Viele Kanadareisende gehen davon aus, dass sie automatisch mehr vom Land sehen, wenn sie mehr Strecke zurücklegen. Neben der Annahme, dass man in kürzester Zeit alles gesehen haben sollte, ist das der zweitschlimmste Ansatz, um eine Reise nach Kanada zu unternehmen. Kanada ist groß. Sehr groß! Um genau zu sein, umfasst Kanadas Landmasse 9.093.507 Quadratkilometer. Auch wenn vielleicht nicht alle Ecken und Zipfel des Landes mit dem Wohnmobil zu erreichen sind, sollte man sich vor Augen führen, wie groß Kanada ist. Kunden haben beim Blick auf die Karte schon so manches Mal entschieden, in zwei Wochen British Columbia (inklusive Vancouver Island), die Rockies, Calgary und den Yukon zu bereisen. Ich kann jedem nur nahelegen, diesen Gedankengang ganz schnell zu verwerfen. Man tut sich selbst keinen Gefallen, wenn man versucht, „alles auf einmal" zu bereisen. Insbesondere wenn man das Fahrzeug am Ende wieder am selben Ort zurückgeben muss.

Sobald man sich genauer mit den Zielgebieten befasst, stellt man fest, was und wie viel es zu sehen gibt. Eine geeignete Gegenüberstellung wäre hier der berühmte *Icefields Parkway* – berechtigterweise einer der schönsten Highways in Kanada und sogar weltweit – und einer Fahrt auf dem *North Klondike Highway* von Whitehorse nach Dawson. Der *Icefields Parkway* verbindet Lake Louise und Jasper auf einer Strecke von 232 Kilometern, während es von Whitehorse nach Dawson 532 Kilometer sind.

Jeder, der sich einmal mit der Planung einer Kanadareise befasst hat, wird sicherlich vom Icefields Parkway gehört haben und weiß, was es dort alles zu entdecken gibt. Von schneebedeckten Berggipfel über türkis leuchtende, gletschergespeiste Seen hin zu eindrucksvollen Wasserfällen und dem spektakulären Athabasca Glacier. Auf der Seite von Parks Canada wird darauf hingewiesen, dass man sich Zeit nehmen sollte, diesen Highway zu entdecken. Nicht jeder möchte vielleicht alle Wanderwege erkunden oder an allen Tagestouren teilnehmen, dennoch empfiehlt es sich, genügend Zeit für diese „relativ kurze" Strecke einzuplanen. Wie bereits zuvor erwähnt, können einem Wetter und andere Faktoren schnell einen Strich durch die Rechnung machen oder man hat im *visitor information centre* doch noch den Hinweis bekommen, dass man auf gar keinen Fall diesen einen Wanderweg auslassen sollte.

Im Vergleich dazu sind die „Sehenswürdigkeiten" auf dem Weg von Whitehorse in das Mekka des Goldrauschs von 1898 eher begrenzt. Die Landschaft ist eindrucksvoll und bietet tolle Fotomotive, aber die Auswahl an Wanderwegen ist spärlich, und die einzigen „richtigen" Sehenswürdigkeiten auf der Strecke sind Carmacks, die berühmten Five Finger Rapids und die Tintina Trench. Auf gar keinen Fall möchte ich die Schönheit dieser Strecke herunterspielen und die Chancen, *wildlife* entlang der Strecke zu entdecken, sind ausgesprochen gut, aber dennoch hat man hier zwei Paradebeispiele von Etappen, die unterschiedlicher nicht sein könnten.

Grundsätzlich sind 200 Kilometer eine durchaus machbare und realistische Tagesetappe, wenn man nicht gerade den *Icefields Parkway* vor sich hat. Natürlich kann man in Ausnahmefällen auch mal 500 Kilometer zurücklegen, aber das sollte wirklich die Ausnahme und nicht der Regelfall sein. Der Yukon ver-

Die Five Finger Rapids entlang des North Klondike Highway

fügt über ein großartiges und gut ausgebautes Netz von *government campgrounds*, die eine Übernachtung definitiv wert sind. Ich möchte auf gar keinen Fall sagen, dass man gewisse Sehenswürdigkeiten überspringen oder einige Etappen ausfallen lassen sollten, sondern nur darauf hinweisen, dass es Gebiete gibt, in denen es mehr zu sehen gibt als in anderen, und dass ein ausgewogenes Gleichgewicht von kurzen und längeren Tagesetappen empfehlenswert ist.

In einigen Provinzen des Landes müssen Campingplätze im Voraus reserviert werden und insbesondere dann macht es Sinn, sich mit dem Gebiet vertraut zu machen und herauszufinden, wo man zwei Nächte verbringen sollte und wo eine Nacht vollkommen ausreichend ist. Für manche Camper gibt es vielleicht nichts Schöneres, als stundenlang den Highway entlang zu *cruisen* und viel Strecke zurückzulegen, während andere es bevorzugen, den Tag auf dem Campingplatz entspannt mit Rührei und frischem Bacon zu beginnen.

Jeder Urlauber ist anders und hat andere Wünsche und Vorstellungen von einer perfekten Reise. Nur weil Bekannte ganz Ontario in zwei Wochen abgedeckt haben, heißt das nicht, dass das auch der richtige Ansatz für einen selbst ist.

Vor allem, wenn man das erste Mal nach Kanada kommt, sollte man sich mit dem Gebiet, das bereist werden soll, vertraut machen und Reiseplaner und

Internet-Ressourcen nutzen, um eine gute Vorstellung von der geplanten Reise zu bekommen. Insbesondere wenn die Reise über ein Reisebüro gebucht wird, empfiehlt es sich auch einmal die Mitarbeiter zu fragen. Vor allem wenn man mit einem der Nordamerika-Spezialisten bucht, kann man sich ziemlich sicher sein, dass diese bereits selbst die USA oder Kanada einmal mit dem Wohnmobil erkundet haben.

Grundsätzlich sollte man sich bei der Streckenplanung also über folgende Dinge Gedanken machen:

- Wo geht es hin?
- Wie viel Zeit habe ich?
- Wie sieht mein perfekter Campingurlaub aus?
- Was möchte ich im Zielgebiet auf jeden Fall erkunden?
- Gibt es Dinge, die ich bei der Planung berücksichtigen muss (Campingplatzverfügbarkeiten, Sonderöffnungszeiten, Feiertage, Wetter etc.)?

Wenn man sich diese Fragen ehrlich beantwortet und dabei nicht auf das Reiseverhalten anderer schaut, kann man sich schon einmal zu 50 Prozent sicher sein, dass man bestmöglich auf die Reise vorbereitet ist. Vor Ort kann es immer zu Planänderungen kommen es kann jederzeit etwas Unvorhergesehenes passieren – vielleicht spielt das Wetter nicht mit, gewisse Touren werden nur an bestimmten Wochentagen angeboten und, und, und.

2.3 Fahren nach Jahreszeit

Ohne Zweifel sind die Sommermonate die beliebtesten Reisemonate der Deutschen. 2016 reisten über 369.000 Deutsche nach Kanada, ein Zuwachs von 12 Prozent gegenüber 2015. Natürlich heißt das nicht, dass alle Reisenden ein Wohnmobil mieten oder während der Sommermonate reisen, aber dennoch sind Juli, August und September die mit Abstand stärksten Reisemonate der Deutschen. Zum einen hängt dies mit den Schulferien zusammen, nur während derer viele Familien eine Fernreise ab zwei bis drei Wochen machen können, zum anderen erklären sich diese Zahlen damit, dass Kanada wie Europa auf der Nordhalbkugel liegt und der Sommer in diese Monate fällt.

Da es sich bei Kanada um das zweitgrößte Land der Erde handelt, gibt es natürlich auch viele verschiedene Klimazonen und geografische Gegebenheiten, die bei der Reiseplanung berücksichtigt werden sollten.

Wir alle wünschen uns perfektes Reisewetter für unseren Urlaub, schließlich wollen wir dem Alltag entfliehen, unsere Seele baumeln lassen und unsere Rei-

Fahren im Winter erfordert Konzentration

se genießen. Aber ehrlicherweise kann es auch sehr anstrengend sein, wenn die Reiseziele auf der eigenen To-Do-Liste überfüllt sind, weil das Wetter perfekt ist und man keinen Parkplatz bekommt. Andersherum, wenn das Wetter dann nicht mitspielt, sind wir besonders gestresst. Entweder weil die Fahrt mit dem Wohnmobil dann sehr anstrengend werden kann oder man, insbesondere in abgelegeneren Gebieten, meist nicht viele Alternativmöglichkeiten hat, als die Natur zu genießen, wandern zu gehen oder einfach ein Buch auf dem Campingplatz zu lesen. Mit Sicherheit hat es auch seine Reize, mal einen Tag Pause zu haben und das Prasseln des Regens auf dem Wohnmobil zu genießen, aber wir wissen alle, dass wir uns Bilderbuchwetter für unsere Reise wünschen.

Welche Jahreszeit für den Einzelnen am besten geeignet ist, hängt ganz von den eigenen Wunschvorstellungen ab. Natürlich hat der Sommer seine Reize, aber sofern man – außer der Hoffnung, dass das Wetter dann besonders gut

ist – keine weiteren Ansprüche an seine Reise hat, kann man auch andere Jahreszeiten für eine Reise in Erwägung ziehen. Insbesondere wenn man nicht auf Schulferien angewiesen ist. Das muss nicht heißen, dass in dem ausgewählten Zielgebiet dann weniger los ist, aber vielleicht lässt sich ein besseres Reiseangebot beim Veranstalter buchen oder man kann das Fahrzeug wählen, das in der Hochsaison bereits ausgebucht wäre.

Außerdem ist es wichtig, sich mit dem Verlauf der Jahreszeiten im gewählten Reisegebiet vertraut zu machen. Im Frühjahr muss an der Ostküste des Landes mit unvorhergesehenen Wintereinbrüchen gerechnet werden, ebenso wie in den Rocky Mountains oder dem Yukon, während man in den Sommermonaten in einigen Gebieten darauf vorbereitet sein muss, dass es zu Schließungen gewisser Straßen und Nationalparks aufgrund von Waldbränden kommen kann. Das heißt nicht, dass man zu diesen Zeiten keine Reise planen sollte, aber man sollte sich soweit informiert haben, dass man sich bestmöglich vorbereiten kann und eventuell auch Alternativpläne hat. Wir können das Wetter nicht beeinflussen und das macht schließlich auch den Reiz einer Campingreise aus!

Grundsätzlich kann davon ausgegangen werden, dass im Süden des Landes der Frühling früher einsetzt und der Sommer länger anhält als im Norden. Dies kann man zum eigenen Vorteil nutzen, um eine abwechslungsreiche Reise zu planen, insbesondere, wenn man eine Transferfahrt, einen sogenannten *one-way*, bucht. Diese Fahrten werden meist zu Beginn oder Ende der Saison angeboten und können einem ermöglichen, mehrere Jahreszeiten während einer Reise zu genießen. Wie wäre es mit einer Überführungsfahrt von Whitehorse nach Vancouver Mitte September? Man kommt in den Genuss der Herbstfarben im Yukon, kann vielleicht nachts sogar die ersten Nordlichter am Himmel entdecken und entflieht den kalten Nächten, um im Süden British Columbias noch einmal so richtig den Spätsommer zu genießen und das sich verfärbende Laub zu bestaunen. Oder wie wäre es mit einer Fahrt vom Westen in den Osten, oder andersherum? Hier bekommt man die Gelegenheit, Kanada in seiner ganzen Vielfalt zu genießen! Von Ontario und den vielen Seen über die Prärien und durch die Rocky Mountains bis zum pazifischen Regenwald der Westküste sind es jedoch viele tausend Kilometer und man sollte hier besonders darauf achten, dass man genügend Zeit für solch ein Abenteuer hat.

Dadurch, dass Kanada solch ein großes Land ist, bietet es unzählige Möglichkeiten für ein individuelles Campingabenteuer. Sofern man sich vernünftig auf seine Reise vorbereitet und gewisse Faktoren bei der Entscheidung des Zielgebiets und der Reisezeit berücksichtigt, legt man den Grundstein für eine unvergessliche Reise im wohl schönsten Land der Welt!

2.4 Fahren nach Saison

Grundsätzlich kann man sagen, dass die Wohnmobil-/Campingsaison in Kanada vom *May Long Weekend* bis zum *Labour Day Weekend* läuft. *May Long Weekend* ist ein langes Wochenende in Kanada, das den Geburtstag von Queen Victoria am *Victoria Day* feiert. Der kanadische Feiertag wird Ende Mai begangen. Da Kanadier weniger Jahresurlaub haben als wir in Europa, werden Feiertage immer genutzt, um ein langes Wochenende zu schaffen. Dieses Wochenende ist der offizielle Beginn der Campingsaison, und Urlauber sowie Kanadier strömen auf die Campingplätze und in die Natur, um den inoffiziellen Beginn des Sommers zu feiern. Ab diesem Wochenende bis zum *Labour Day Weekend* kann davon ausgegangen werden, dass Campingplätze geöffnet sind und instand gehalten werden.

Labour Day wird am ersten Montag im September gefeiert und ist ein Feiertag in ganz Kanada. Für die meisten Kanadier bietet dies noch einmal Gelegenheit, für ein langes Wochenende in die Natur zu entfliehen, um den Sommer ein letztes Mal bei einem BBQ oder beim Angeln zu genießen. Nach dem *Labour Day Weekend* ist es dann nicht untypisch, dass die ersten Campingplätze oder *dumping stations* (Abwasserentsorgungsstationen) schließen. Bis zum Ende des Monats sind dann die meisten Campingplätze geschlossen; nur noch wenige private Campingplätze in den Verdichtungsgebieten bleiben das ganze Jahr über geöffnet. Bei den staatlichen Campingplätzen kommt es vor, dass einige das ganze Jahr über offen bleiben, aber nicht instand gehalten werden. Feuerholz, Toilettenpapier etc. werden dann nicht aufgefüllt und man muss sich komplett selbst versorgen. Dasselbe gilt für die Zeit vor dem *May Long Weekend*. Bereits um die Osterzeit und Anfang Mai öffnen die ersten Campingplätze wieder. Informationen über die Campingplätze im Reisegebiet erhält man meist im *visitor information centre* oder beim Vermieter. Diese wissen meist am besten, welche Plätze geöffnet sind und ob dazu geraten wird, dass vorab reserviert wird. Natürlich kann bereits bei der Buchung der Reise/des Wohnmobils gefragt werden und Reiseveranstalter sowie Vermieter werden einen darauf hinweisen, wenn das Finden von geeigneten Campingplätzen schwierig werden kann.

Innerhalb der Campingsaison gibt es ebenfalls Neben- und Hochsaison. Wie bereits in Kapitel 2.3 erwähnt, sind Juli, August und September die beliebtesten Reisemonate. In Abhängigkeit von dem gewählten Reisegebiet mögen Neben- und Hochsaison etwas variieren, insbesondere wenn man Faktoren wie den *Indian Summer* im Osten des Landes im Hinterkopf behält. In einigen Gebieten des Landes sind Mietstationen den Winter über offen, wenn auch mit verringerten Öffnungszeiten, in anderen Regionen ist das Mieten eines Wohnmobils zu dieser Zeit ausgeschlossen. Für Abenteuerlustige empfiehlt es sich, sich direkt mit dem Veranstalter oder Vermieter in Kontakt zu setzen, wenn eine Reise außerhalb der üblichen Saison geplant werden soll.

Grundsätzlich kann jedoch davon ausgegangen werden, dass Mai bis Juni sowie September bis Oktober als Nebensaison in der Campingwelt gelten und die Monate Juli und August die Hochsaison bilden. Wenn man diese Faktoren bei der Reise- und Streckenplanung berücksichtigt, dann ist man auf dem richtigen Weg, eine erfolgreiche Campingreise zu planen und viele unvorhergesehene Überraschungen zu vermeiden.

Teil 2
Der RV: des Kanadiers liebstes Spielzeug

Camping und Wohnmobile gehören zur kanadischen Identität wie Tim Hortons, Eishockey oder karierte Hemden. Ob Jahresurlaub oder Wochenendtrip – in einem Großteil der Einfahrten kanadischer Häuser findet sich ein Wohnwagen, Wohnmobil oder Truck Camper. Vom alten Wohnwagen der Großeltern bis hin zum hochmodernen A-Class Motorhome – der kanadischen Campingfreude sind keine Grenzen gesetzt. Im nächsten Teil dieses Buch liegt der Fokus auf den RVs, des Kanadiers liebstes Spielzeug. Welche Dinge gibt es bei einer Miete zu berücksichtigen, worauf sollte geachtet werden und welches Modell ist das richtige für den eigenen Urlaub? Wichtig ist, dass man sich vor Antritt der Reise bewusst macht, welche Kosten zu erwarten sind. Auch wenn Camping als günstigere Form des Reisens bekannt ist, gibt es viele Faktoren, die Berücksichtigung finden müssen. Wie unterscheiden sich die verschiedenen Fahrzeuge und welcher Vermieter ist der richtige für mich? Worauf muss geachtet werden, wenn mit Kindern verreist werden soll und ab wann lohnt sich eventuell sogar der Kauf eines RVs?

Insbesondere wenn man das erste Mal nach Kanada reist und einen Blick auf die verschiedene Fahrzeugtypen wirft, kann man schnell überfordert sein. Von Campervans bis hin zu Bussen – alles ist möglich und oft gibt es mehr zu bedenken als den Platz im Fahrzeug oder das Budget.

Vereinzelter Gegenverkehr im Norden Kanadas

3. Preisgestaltung der Campermiete

Kanada, das ist Freiheit

3. Preisgestaltung der Campermiete

Wenn man Familie und Freunden davon erzählt, dass man eine Campingreise in Kanada plant, wird man heutzutage noch oft schräg angeschaut. In vielen deutschen Köpfen wird der Begriff des Campens noch immer mit veralteten Wohnmobilen, überfüllten Campingplätzen und Rollrasen assoziiert. Viele verbinden damit eine günstige Form des Reisens und unterschätzen die Popularität des Campens in Nordamerika.

Wer sich vornimmt, nach Kanada zu reisen und Campen zu gehen, muss einige Dinge bei der Planung berücksichtigen, damit es am Ende der Reise beim Kassensturz keine bösen Überraschungen gibt. So günstig wie viele vielleicht denken mögen, ist ein Campingurlaub nämlich nicht zwangsläufig. Reisezeitraum, Standort, Vermieter und Fahrzeugtyp entscheiden darüber, wie teuer die Miete werden kann. Wichtig ist, dass man sich im Vorhinein Gedanken darüber macht, was einem besonders wichtig und wie flexibel man mit den möglichen Reisedaten ist. Hinzu kommt, dass viele der deutschen Veranstalter häufig Frühbucherangebote von den Vermietern in Kanada zur Verfügung gestellt bekommen, die teilweise sogar noch günstiger als die Preise direkt beim Vermieter sein können. Vergleichen lohnt sich und oft muss man bereits mehr als ein halbes Jahr im Voraus sein Wohnmobil buchen, wenn man auf gewissen Zeiträume (beispielsweise Sommerferien) angewiesen ist.

In den meisten Fällen setzt sich eine Miete aus den folgenden individuellen Bestandteilen zusammen:

Tages-/Wochenpreis
Dieser variiert von Fahrzeugtyp zu Fahrzeugtyp und Reisezeitraum.

Kilometerpreis/-pakete
Häufig enthalten Angebote bereits eine gewisse Anzahl von vorbezahlten Kilometern. Bei der Buchung und vor Ort können dann zusätzliche Kilometerpakete hinzugefügt werden (100 km, 500 km, 1000 km oder unbegrenzte Kilometer). Für die Überschreitung der vorgebuchten Kilometer wird dann bei Abgabe ein individueller Kilometersatz berechnet (zwischen 0,35 und 0,45 CAD pro gefahrenem Kilometer, Stand: Mai 2018).

Versicherungspakete
Bei Abschluss der Buchung ist in den meisten Fällen ein Basis-Versicherungspaket eingeschlossen, das die Haftbarkeit im Fall eines Unfalls auf einen Höchstsatz von mehreren tausend Dollar begrenzt. Viele der Veranstalter buchen für

Kunden sofort ein höheres Versicherungspaket mit, das den Eigenanteil bei einem Unfall reduziert oder gar komplett abdeckt. Manchmal kann es auch sein, dass man vor Ort beim Vermieter die Kosten zunächst übernehmen muss, diese dann aber vom Veranstalter bei Vorlage des Beleges rückerstattet werden. Dies gilt natürlich nicht, wenn man direkt beim Vermieter bucht. Es lohnt sich außerdem in jedem Fall eine Reiseunfallversicherung abzuschließen und sich über die Vorteile zu informieren. Manche der Vermieter ziehen zudem eine Kaution ein, so wie es auch bei einigen Mietwagenstation üblich ist, die nach Rückgabe des Fahrzeugs wieder gut geschrieben wird.

Bereitstellungsgebühr *(preparation fee)*

Einige der Vermieter berechnen eine *preparation fee*, die automatisch in jeder Miete als Einmalgebühr aufgeführt wird (zw. 90 und 95 CAD, Stand: Mai 2018).

Zusätzliche Fahrer

Einige der Vermieter erlauben eine unbegrenzte Zahl an Fahrern pro Fahrzeug, solange diese das Mindestalter erreicht haben, andere Mieter erlauben nur einen eingetragenen Fahrer pro Wohnmobil und erheben eine Tages-/Einmalgebühr pro weiteren eingetragenen Fahrer.

Zusätzliche Campingausstattung *(convenience kits)*

Bei manchen Vermietern wird eine Einmalgebühr für die Ausstattung des Wohnmobils erhoben. Diese besteht dann beispielsweise aus Bettwäsche, Handtüchern, einer kompletten Küchenausstattung etc., bei anderen Vermietern ist diese Gebühr bereits im Tages-/Wochenpreis enthalten, aber dieser ist dann eventuell etwas höher. Bei einigen Vermietern sind in diesen Paketen beispielsweise auch Campingstühle oder eine Axt zum Spalten des Feuerholzes enthalten, während derartige Artikel bei anderen Vermietern separat gemietet werden müssen.

Überfahrt in die USA/Nordzuschlag

Manche Mietpakete erlauben es den Fahrern mit ihrem Wohnmobil in die USA zu reisen oder bestimmte, etwas anspruchsvollere Straßen im Norden des Landes zu befahren. Bei einigen Vermietern können diese Leistungen hinzu gebucht werden, sollte beispielsweise eine Stippvisite in den USA in der Reiseplanung vorgesehen sein.

Einwegmiete

Wer plant, das Fahrzeug an einem Ort zu übernehmen und an einer anderen Station zurückzugeben, wird mit einer Gebühr für die Einwegmiete rechnen müssen. Je nach Saison kann diese entfallen, da manche Vermieter die Gelegenheit nutzen, um ihre Fahrzeuge durch Kunden zum Saisonbeginn oder -ende überführen zu lassen und so Kosten für Transferfahrer sparen.

Viele Faktoren lassen sich bei einem Preisvergleich nicht so einfach gegenüberstellen und sind etwas undurchsichtig. Während der eine Vermieter vielleicht zusätzliche Fahrer im Grundpreis einschließt, mag der andere eine gewisse Anzahl von Kilometern im Paketpreis integrieren. Daher ist es wichtig, dass man sich Gedanken darüber macht, welche Leistungen einem besonders wichtig sind, und sich die Zeit nimmt, um sich die verschiedenen Angebote etwas genauer anzuschauen. Wen das überfordert, der ist bei einem der Veranstalter gut aufgehoben. Die Mitarbeiter kennen die Vorteile der einzelnen Vermieter und ihrer Pakete und können dabei helfen, das richtige Angebot auszuwählen. Viele der Vermieter bieten im Vorlauf der Saison zudem besondere Pakete an, die mehr als nur die typischen Leistungen enthalten. Oft lohnt sich auch der Besuch der Webseiten der verschiedenen Vermieter, denn viele von ihnen bieten mittlerweile ein System an, das Kostenvoranschläge erstellen kann.

3.1 Zusätzliche Kostenfaktoren

Neben den Basiskosten muss man bei der Planung der Reise noch weitere Kostenfaktoren beachten. Diese werden häufig unterschätzt oder bei der Planung komplett vergessen. Eine Campingreise weist viele Variablen auf, und die Kosten für die folgenden Bestandteile variieren basierend auf den eigenen Ansprüchen, der gewählten Destination und Reisezeit.

Benzin/Diesel *(fuel)*

Gerade diejenigen, die bisher noch kein Wohnmobil gemietet haben, unterschätzen gerne den Spritverbrauch der Fahrzeuge. Je nach Fahrzeugtyp, Straßenbedingungen und Fahrweise liegt dieser bei etwa 15 bis 20 Litern auf 100 Kilometern. Die Kapazitäten der Tanks reichen von 100 Litern für einen Truck Camper bis hin zu 300 Litern für ein *A-Class Motorhome*/Bus. Die meisten Fahrzeuge werden mit *gasoline* betankt. An der Tankstelle ist dies auch unter *gas* oder einfach nur *regular* bekannt. Wichtig ist jedoch, dass man bei der Übernahme fragt, womit das Wohnmobil betankt wird. Die meisten Vermieter haben am Tank einen Aufkleber, um ein falsches Betanken zu vermeiden. Sollte man sich während der Reise unsicher sein, lohnt sich immer ein Blick auf die Mietpapiere. Hier finden sich Informationen über das Fahrzeug wie Kilometerstand bei Übernahme oder Sprittyp. Die Preise für Sprit variieren von Provinz zu Provinz und Region zu Region. Grundsätzlich kann mit einem Spritpreis von 1,10 bis 1,40 Dollar pro Liter *gasoline* rechnen (Stand: Mai 2018). Diesel ist immer etwas teurer.

Propan *(propane)*

Um zu kochen, das Fahrzeug am Abend oder über Nacht zu erwärmen, den Kühlschrank zu betreiben oder den Boiler zu erhitzen, benötigen die RVs Propan.

Tankstelle

Wer plant, viel zu kochen oder in den etwas kühleren Monaten reist, wird mehr Propan verbrauchen als Reisende, die lieber Essen gehen und in den Sommermonaten reisen. Der Durchschnittspreis für Propan liegt bei etwa 0,90 Dollar pro Liter (Stand: Mai 2018). Die Vermieter stellen einem das Fahrzeug mit einem vollen Propantank zur Verfügung, in einigen Fällen wird hierfür eine Bereitstellungsgebühr verlangt. Im Gegensatz zum Benzintank verlangen nur wenige, dass der Propantank am Ende aufgefüllt zurückgegeben wird. Die Kapazitäten der Tanks reichen von 30 Litern bis zu 90 Litern. In den Truck Campern befinden sich in der Regel Propanflaschen, die herausgenommen werden und befüllt werden können. Wichtig ist, dass man diese Flaschen <u>nicht</u> austauscht. Dies hat mit gewissen Sicherheitsstandards zu tun, die diese Flaschen haben müssen. Größere Fahrzeuge haben fest installierte Tanks, die befüllt werden. Man findet Propan an den meisten Tankstellen und sollte dies nicht mit *gas* (Benzin) verwechseln. Mitarbeiter vor Ort helfen dann beim Betanken. Die Propanzufuhr ist während der der gesamten Fahrt offen und man kann den Propanstand am Tank ablesen. Bei Fährüberfahrten wird verlangt, dass die Propanzufuhr geschlossen wird, um Sicherheitsrisiken zu vermeiden. Nach Verlassen der Fähre darf diese dann wieder geöffnet werden. Das kann dazu führen, das Fehlermeldungen am Kühlschrank auftauchen, da die Zufuhr überraschend abgeklemmt wurde. In den meisten Fällen reicht dann ein *reset* (Zurücksetzen) des Kühlschranks.

Essen

Camping kann eine kostengünstige Reiseart sein, insbesondere wenn man sich dazu entschließt, den Großteil seiner Mahlzeiten selbst zuzubereiten. Auch wenn es günstiger sein mag sein Essen selbst zu kochen als jeden Abend essen zu gehen, sollte man nicht unterschätzen, dass man dazu neigt, sich im Urlaub selbst etwas mehr zu verwöhnen und vielleicht öfter mal ein gutes Steak oder einen Wein zum Abendessen zu genießen. Und das ist auch gut so! Die Preise für Lebensmittel in Kanada sind, bei dem derzeitigen Wechselkurs, vergleichbar mit den Preisen in Deutschland. Schaut man sich die Preise jedoch unabhängig vom Wechselkurs an, ist vieles teurer als in Deutschland. Insbesondere Milch, Eier, Fleisch und andere landwirtschaftlich erzeugten Lebensmittel sind um einiges teurer, ebenso wie alkoholische Getränke. Hinzu kommt, dass die Mehrwertsteuer, in Kanada *goods and service tax* (GST), erst beim Bezahlen hinzugerechnet wird. Der ausgeschriebene Preis beinhaltet noch keine Steuern. Die *goods and service tax* beträgt fünf Prozent in Kanada. Viele Provinzen wie British Columbia oder Ontario haben zudem noch eine *provincial tax*, die zusammen mit der GST die *harmonized sales tax* (HST) bildet.

Die Steuern für die verschiedenen Provinzen und Territorien

Alberta:	5%
British Columbia:	12%
Manitoba:	13%
New Brunswick:	15%
Newfoundland & Labrador:	15%
Northwest Territories:	5%
Nova Scotia:	15%
Nunavut:	13%
Ontario:	15%
Prince Edward Island:	15%
Québec:	14,975%
Saskatchewan:	11%
Yukon:	5%

Campingplätze

Campingplätze sind ein essentieller Bestandteil der Wohnmobilreise. Je nachdem welche Art von Campingplatz gewählt wird, muss mit unterschiedlichen Kosten gerechnet werden. Zunächst einmal lassen sich staatliche und private Campingplätze unterscheiden.

Die staatlichen Campingplätze sind grundsätzlich etwas günstiger als die privaten Campingplätze. Staatliche Campingplätze verfügen in der Regel über gut gepflegte (!) Plumpsklos, Feuerholz und Wasser, welches, nachdem es abgekocht wurde, zum Kochen benutzt werden kann. Trotzdem ist man hier vollkommen autark. Teilweise ist Feuerholz in der Campinggebühr enthalten, andernorts muss dafür extra gezahlt werden. Die staatlichen Campingplätze sind meist großzügig geschnitten, durch Bäume oder Gebüsch vom Nachbarplatz getrennt und man hat einen Picknicktisch sowie eine Feuerstelle für die private Nutzung auf dem Stellplatz.

Die Ausstattung privater Campingplätze reicht von Sanitäranlagen inklusive Duschen, Abwasserentsorgungsstationen, einem direkten Wasser- und Stromanschluss hin bis zu Spielplätzen, Internet und Restaurants auf dem Gelände. Je nach Angebotsvielfalt und Zielgebiet variieren die Preise hier erheblich. Die Stellplätze sind tendenziell etwas kleiner, und je nach Campingplatz ist man vom Nachbarn durch Bäume und Hecken oder nur durch eine Markierung auf dem Boden getrennt. In der Hochsaison sollten Campingplätze in beliebten Zielgebieten im Voraus reserviert werden. Dies grenzt die eigene Flexibilität natürlich etwas ein, ist aber für Zielgebiete wie Banff, Jasper oder Tofino ratsam. Hier kann man entweder den Reiseveranstalter bei Buchung oder den Vermieter vor Ort um Rat bitten!

Eine kostenfreie Alternative ist das *wild camping*. Dies ist, gerade in den dicht besiedelten Gebieten und touristischen *hot spots* nahezu unmöglich, aber eine Option für Reisende in nicht ganz so bekannten Zielgebieten. Wichtig hierbei ist, dass man darauf achtet, dass das Übernachten am gewählten Ort erlaubt ist! In der Regel finden sich Hinweisschilder an Park- oder beliebten Aussichtsbuchten, die das Übernachten verbieten. Um nicht als rücksichtsloser Camper abgestempelt zu werden oder eine Strafe zu riskieren, sollte man sich dies sehr zu Herzen nehmen. Gibt es kein Schild, das das Campen verbietet, und man befindet sich nicht auf einem privaten Grundstück oder Nationalpark, steht dem *wild camping* nichts im Wege. Bei dieser Form des Campens ist man komplett autark. Wichtig ist, dass man beim morgendlichen Aufbruch keine Spuren hinterlässt. Jeglicher Müll oder sonstige Verunreinigungen sollte beseitigt werden! Die folgende Tabelle soll als Hilfestellung dienen. Jedoch sollte nicht vergessen werden,

wild camping ist **nicht erlaubt**

dass es immer zu Ausnahmen kommen kann, je nachdem in welchem Teil des Landes man unterwegs ist.

	Strom	Wasser	Feuer-holz	Toiletten	Duschen	Kosten
Wild Camping	Nein	Nein	Nein	Nein	Nein	Frei
Staatlicher Campingplatz	Nein	Teil-weise	Teil-weise	Ja	Nein	$ -$$
Privater Campingplatz	Ja	Ja	Ja	Ja	Ja	$ -$$$

$**: 12 - 15 **$$**: 26 - 50 **$$$: 51 - 75

3.2 Das Wann und Wo der Miete

Wie bereits in den vorherigen Kapiteln angedeutet, können die Preise für ein Wohnmobil in Abhängigkeit von der Standortwahl, der Jahreszeit und dem gewünschten Fahrzeugtyp stark variieren. Sofern der Zeitraum für die Reise feststeht und das Ziel innerhalb des Landes recht flexibel ist, lohnt sich ein Preisvergleich der verschiedenen Standorte und Anbieter.

Des Weiteren ist es ratsam, sich frühzeitig mit der Planung und Buchung zu befassen, da Anbieter, gerade in den beliebten Zielgebieten, oft schnell ausgebucht sind oder nur noch begrenzt Verfügbarkeiten haben. Viele Reisende, insbesondere erfahrene Camper, buchen ihre Fahrzeuge bereits ein drei viertel Jahr im Voraus.

Die Anbieter veröffentlichen ihre neuen Preise für das kommende Jahr in der Regel im Herbst. Viele Vermieter locken mit Frühbucherrabatten oder bieten Überführungsfahrten zu vergünstigten Preisen an. Diese sind in der Regel sehr beliebt und, da es nur eine begrenzte Anzahl von Fahrzeugen für die Fahrten gibt, schnell ausgebucht.

Wer sofort weiß, wonach gesucht wird, dem ist dazu geraten, das Fahrzeug zeitnah zu buchen. Manchmal gibt es Last-Minute-Angebote für Überführungsfahrten, die sich für Spontanreisende oder Reisende vor Ort, die eine flexible Tour geplant haben, anbieten.

Grundsätzlich muss man seine Reise mit einer Mindestmietdauer kalkulieren. Nur in den seltensten Fällen wird man Vermieter finden, die ein Wohnmobil für ein Wochenende vermieten. Das hängt ganz einfach mit dem Aufwand zusammen, der mit jeder Übernahme und Abgabe einhergeht. Jedes Fahrzeug wird

Truck Camper am Bear Glacier

nach Rückgabe von Technikern überprüft und von Personal gereinigt, was, je nach Fahrzeugtyp, mehrere Stunden in Anspruch nehmen kann. Für viele Vermieter lohnt es sich daher einfach nicht, Fahrzeuge für zwei Tage zu vermieten. In seltenen Fällen gibt es vor Ort Specials, in denen Fahrzeuge für ein langes Wochenende zu einem vergünstigten Preis angeboten werden. Diese findet man aber nicht im Voraus beim Veranstalter oder Vermieter.

TIPP:
Wer genau weiß wonach gesucht wird (Fahrzeugtyp, Zeitraum und Destination), dem ist dazu geraten, bereits frühzeitig zu buchen. Dies garantiert Verfügbarkeiten und manchmal gute Frühbucherangebote.

4. Campervermieter in Kanada

Treuer Reisegefährte, mein Truck Camper

4. Campervermieter in Kanada

In Kanada gibt es viel zu entdecken und die Wohnmobilvermieter vor Ort stellen sicher, dass man genügend Auswahl bei der Destinationswahl innerhalb des Landes hat. In diesem Kapitel werden die größten und bekanntesten Wohnmobilvermieter vorgestellt und verglichen. Es geht hierbei nicht darum, gewisse Vermieter hervorzuheben oder zu kritisieren, vielmehr soll dieses Kapitel dabei helfen, die richtige Wahl beim Vermieter und Fahrzeug zu treffen.

Die folgenden Anbieter werden von den meisten deutschen Veranstaltern gebucht. Gerade aus diesem Grund ist es sinnvoll, auf die Vermieter etwas genauer einzugehen. Wer nicht direkt beim Vermieter buchen möchte, kann sich dann an seinen Veranstalter des Vertrauens wenden, der bei Fragen weiterhelfen kann. Es gibt es mit Sicherheit noch viele kleine und individuelle Anbieter innerhalb des Landes, auf die an dieser Stelle jedoch nicht im Detail eingegangen werden kann. Insgesamt decken die folgenden Vermieter acht Standorte mit insgesamt vierunddreißig Stationen ab. Gerade in den größeren Städten hat man die Wahl zwischen verschiedenen Anbietern und kann schauen, welcher der Richtige für einen ist. Jeder Vermieter hat seine Vor- und Nachteile und man kann individuell entscheiden, welche Faktoren einem bei der RV-Wahl besonders wichtig sind.

Die Anbieter sind in drei Kategorien unterteilt: Vermieter im Budgetbereich, Vermieter im Economybereich und Vermieter im Premiumbereich.

Let's Go – Wer ist der richtige Vermieter für mich?

Die Kategorisierung, die an dieser Stelle vorgenommen wurde, ist komplett subjektiv und soll bei der Visualisierung und Gegenüberstellung der einzelnen Anbieter helfen. Wichtigstes, und das am einfachsten zu bestimmende Kriterium bei der Differenzierung ist das Preis-Leistungs-Verhältnis. Je nach individuellen Angeboten der einzelnen Vermieter mag dieses auch anders aussehen. Am wichtigsten ist, dass der gewählte Vermieter und das gewünschte Fahrzeug den eigenen Ansprüchen gerecht werden!

4.1 Vermieter im Budgetbereich

Die folgenden Vermieter zählen zu den etwas preisgünstigeren Anbietern. Häufig hängt dies mit den etwas älteren Fahrzeugen in der Flotte zusammen. Wem es nicht darauf ankommt, das neuste Modell zu fahren und die modernste Ausstattung zu haben, der kann hier den idealen Vermieter für die Reise finden! Insgesamt sind die folgenden Anbieter mit bis zu sieben Stationen in den größten und beliebtesten Städten Kanadas vertreten, was ideal für diejenigen ist, die auf ihr Budget achten müssen und trotzdem die bekanntesten Regionen des Landes entdecken wollen. Die Reihenfolge hat nichts mit der Qualität der Anbieter zu tun, diese sind einfach nur in alphabetischer Reihenfolge gelistet.

Cruise Canada

Die Fahrzeuge von Cruise Canada/Cruise America fallen durch ihre farbenfrohe Beklebung mit Fotomotiven auf. Mit heute über 4000 Fahrzeugen (Stand 2017) ist Cruise Canada/Cruise America der größte RV-Vermieter in Nordamerika. In Kanada finden sich fünf Mietstationen, die die beliebtesten Zielgebiete abdecken. Eine Miete ist in Vancouver, Calgary, Toronto, Montréal und Halifax möglich. Zwischen allen Stationen werden Einwegmieten (*one-ways*) gegen eine Gebühr angeboten, die es Reisenden erlauben, besonders flexibel in der Routenplanung zu sein. Eine Besonderheit von Cruise Canada sind die Flexpreise, die ähnlich wie Flugpreise je nach Nachfrage, Saison, Reisezeitraum und Fahrzeug fluktuieren. Grundsätzlich lohnt es sich auch bei Cruise Canada zeitig im Voraus zu buchen, aber je nach Nachfrage kann man auch kurzfristig noch preisgünstige Angebote mit den gewünschten Fahrzeugen erhalten.

Die Flotte von Cruise Canada umfasst vier verschiedene Fahrzeugmodelle. Seit 2016 neu im Programm ist ein eigenes Truck Camper-Modell (*cruise truck camper*), das etwas kompakter als die anderswo verfügbaren Modelle ist. Die anderen drei Modelle sind sogenannte Class C-Motorhomes oder Alkoven-Wohnmobile. Die Länge der Wohnmobile wird in Kanada für gewöhnlich in *feet* angegeben. Cruise Canadas Wohnmobile sind als 19 Fuß (Compact), 25 Fuß (Standard) und 30 Fuß (Large) Fahrzeuge verfügbar. Während die

Vermieter auf ihren Websites häufig angeben, wie viele Passagiere in ihren Wohnmobilen Platz finden, sollte man sich nicht einfach auf diese Angaben verlassen. Wie bereits zuvor erwähnt, sollte man, dem eigenen Frieden zuliebe, tendenziell eher ein etwas größeres Wohnmobil für die gewünschte Anzahl an Mitreisenden mieten. Veranstalter können bei der Entscheidung des richtigen Wohnmobils eine große Hilfe darstellen. Während Cruise Canada darauf hinweist, dass in ihrem Standard Modell (25 Fuß) bis zu fünf Gäste Platz finden, empfehlen die meisten Veranstalter, dieses Modell für bis zu vier Personen und idealerweise für Familien mit zwei etwas kleineren Kindern. Der Essbereich der meisten Wohnmobile, unabhängig vom Anbieter, lässt sich in ein Bett umwandeln. Die sogenannte *dinette* ist in der Regel jedoch etwas kürzer und kann für Erwachsene manchmal etwas unkomfortabel sein. Wer sich bei der Fahrzeugwahl unsicher ist, kann sich beim Vermieter direkt erkundigen oder den Veranstalter um Rat fragen.

Bei Cruise Canada können Kunden zwei verschiedene Pakete hinzu buchen. Das sogenannte *personal kit*, das Bettzeug und Handtücher umfasst, sowie das *vehicle provisioning kit*, welches die einfache Küchenausstattung einschließt. Diese Pakete sind für viele Vermieter typisch und werden von den Reiseveranstaltern direkt hinzu gebucht. Zu beachten ist, dass der Umfang der verschiedenen Pakete von Vermieter zu Vermieter variiert und nicht überall dieselben Gegenstände beinhaltet.

Wie bei den meisten Vermieter gibt es auch bei Cruise Canada einige Restriktionen, was das Befahren gewisser Straßen und Areale betrifft. Darauf wird meist vor Reiseantritt bei der Übernahme an der Station hingewiesen und Kunden müssen einen Beleg für die Zurkenntnisnahme unterschreiben. Wer sich über diese Verbote hinwegsetzt, muss darauf vorbereitet sein, dass der Versicherungsschutz erlischt, sofern es zu Problemen kommt. Die häufigsten Strecken, die nicht befahren werden dürfen, sind nicht-öffentliche Straßen, Forststraßen, jeglicher Untergrund, der ein Risiko für das Fahrzeug darstellen kann, sowie ein Grenzübertritt nach Mexiko.

Cruise Canada verfügt über eine 24-Stunden gebührenfreie Notfallnummer, die von Kunden im Fall von Problemen angerufen werden kann. Wichtig ist, dass immer zuerst der Vermieter über jegliche Probleme informiert wird, bevor weitere Schritte eingeleitet werden.

TIPP:
Veranstalter benennen Fahrzeuge im eigenen Portfolio teilweise anders. Wer im Reisebüro sucht, sollte sich erkundigen, unter welchem Begriff die Fahrzeuge beim Vermieter bekannt sind.

Cruise Canada

Mietstationen:	5 – Vancouver, Calgary, Toronto, Montréal und Halifax
Fahrzeuge:	Truck Camper, 19 Fuß Wohnmobil (Compact), 25 Fuß Wohnmobil (Standard), 30 Fuß Wohnmobil (Large)
Mindestalter:	Das Mindestalter für die Miete eines Wohnmobils ist 21 Jahre. Fahrer zwischen 21 und 24 Jahren müssen eine tägliche Zusatzgebühr bezahlen. Diese ist bei vielen Veranstaltern direkt im Paketpreis mit eingeschlossen.
Vorteile:	Flex-Preise je nach Verfügbarkeiten, Einwegmieten an jeder Station und ein gutes Preis-Leistungsverhältnis

Westcoast Mountain Campers by Canadream

Westcoast Mountain Campers, a division of Canadream, ist seit über dreißig Jahren im Geschäft. Seit 2015 wird das Geschäft nun von Canadream geführt. Die Flotte umfasst drei verschiedene Fahrzeugtypen mit insgesamt fünf verschiedenen Modellen. Von Camper Vans, den sogenannten Van Conversions, über Alkoven-Wohnmobile (Class C) bis hin zu den beliebten Truck Campern ist alles möglich. Seit 2016 entstammen alle Fahrzeuge aus der gemeinsamen Flotte von Westcoast Mountain Campers und Canadream. Wie auch bei Cruise Canada bietet Westcoast Mountain Campers ein flexibles Preissystem, das je nach Nachfrage fluktuiert.

Die Fahrzeuge des Anbieters können je nach gewählter Kategorie etwas variieren. Zur Verfügung stehen Van Conversions, die sich als spritsparendes Modell ideal für zwei Personen eignen, Alkoven-Wohnmobile, die mit ihren *slide-outs* (ausfahrbahren Seitenelementen) noch mehr Platz für Reisende bieten, und natürlich die allseits beliebten Truck Camper. Die Wohnmobile sind in drei Größenkategorien verfügbar und reichen von 21 bis 33 Fuß. Wie bei allen Vermietern können die Grundrisse der einzelnen Fahrzeuge immer etwas unterschiedlich ausfallen. Wer besondere Wünsche hat, sollte diese dem Veranstalter oder Vermieter direkt bei Buchung mitteilen. Nichtsdestotrotz kann es immer zu kurzfristigen Änderungen in der Fahrzeugzuteilung kommen, und Reisende sollte nicht enttäuscht sein, wenn gewisse Grundrisswünsche nicht berücksichtigt werden können.

Westcoast Mountain Campers bietet ebenso wie die anderen Vermieter ein *convenience package* an, das Bettwäsche, Küchenequipment sowie ein Startset für die Sanitäranlage (Toilette, Abwasserentsorgungssystem) beinhaltet. Die Gebühr wird hier nicht pro gewähltem Paket berechnet, sondern pro Person. Ebenso wie bei den anderen Vermietern ist diese Gebühr bei den meisten Veranstalter direkt im Paketpreis eingeschlossen. Gleichzeitig wird eine *prep fee* (Bereitstellungsgebühr) erhoben, die ebenfalls im Paketpreis enthalten ist.

Ebenso wie Cruise Canada bietet Westcoast Mountain Campers Einwegmieten an. Auch hier fällt eine Einmalgebühr an, die auf den Paketpreis geschlagen wird. Jede Miete inkludiert nur einen registrierten Fahrer. Für jeden weiteren eingetragenen Fahrer fällt eine zusätzliche Tagesgebühr an.

Wer in die USA reisen möchte, muss bei Westcoast Mountain Campers eine Zusatzgebühr zahlen (10 CAD pro Nacht, Stand Mai 2018). Wie auch bei Cruise Canada ist der Grenzübertritt nach Mexiko nicht erlaubt. Für Reisende, die ihr Fahrzeug in Vancouver, Calgary, Edmonton, Toronto, Montréal oder Halifax übernehmen und planen nördliche Straßen wie beispielsweise den Alaska Highway (#97) nördlich von Fort St. John, British Columbia, oder Québec und Labrador nördlich oder östlich von Sept-Iles zu befahren, müssen eine sogenannte *northern surcharge* (Nordzuschlag) zahlen. Die komplette Liste der Straßen, die unter diese Regelung fallen, können entweder auf der Website des Vermieters nachgelesen, beim Veranstalter oder der Übernahme erfragt werden. Die Gebühr liegt derzeit bei 500 Dollar. Sie ist bei Übernahmen in Whitehorse, Yukon, automatisch im Paketpreis enthalten.

Westcoast Mountain Campers by Canadream

Mietstationen: 7 – Vancouver, Whitehorse, Edmonton, Calgary, Toronto, Montréal und Halifax

Fahrzeuge: 20-21 Fuß Van Conversion, Truck Camper, Super Van Conversion (SVC) mit *slide-out*, Midi Motorhome (MHB; 24 bis 28 Fuß) mit *slide-out* und Maxi Motorhome (MHA; 28 bis 33 Fuß) mit *slide-out*

Mindestalter: Das Mindestalter für die Miete eines Wohnmobils ist 21 Jahre. Fahrer zwischen 21 und 24 Jahren müssen bei Übernahme eine höhere Versicherungsanzahlung tätigen.

Vorteile: Flex-Preise, großzügiger geschnittene Fahrzeuge mit *slide-outs* verfügbar, gutes Preis-Leistungs-Verhältnisfür die etwas älteren Fahrzeuge (run of fleet) der Westcoast Mountain Campers und Canadream Flotte.

4.2 Vermieter im Economybereich

Für wen es etwas mehr sein darf und wer Wert auf im Paketpreis eingeschlossene Zusatzleistungen legt, der kann in der Kategorie der *Economy*-Vermieter das richtige Fahrzeug für sich finden. Einige der folgenden Vermieter gehören zu den beliebtesten in ganz Kanada! Insgesamt sind die folgenden Anbieter mit insgesamt vierzehn Stationen im gesamten Land vertreten, darunter auch Islander RV, der einzige Wohnmobilvermieter auf Newfoundland, der von den meisten deutschen Reiseveranstaltern gebucht wird.

Canadream

Canadream ist bei den deutschen Reiseveranstaltern als einer der Wohnmobilvermieter mit dem besten Preis-Leistungs-Verhältnis bekannt. Gegründet wurde das Unternehmen 1998 und seit 2017 ist Canadream Teil der Apollo Leisure Group, die dem ein oder anderen durch einen Campingurlaub in den USA, Australien oder Neuseeland bekannt sein mag. Durch den Kauf von Westcoast Mountain Campers in 2015 hat Canadream den Anteil am kanadischen Wohnmobilmarkt erheblich gesteigert, und ebenso wie die etwas preisgünstigere Division sind Fahrzeuge an sieben Stationen im ganzen Land verfügbar. Der Vermieter ist für seine fluktuierende Preisstruktur bekannt, die ihn für Schnäppchenjäger mit kombinierten Sonderangeboten besonders interessant macht. Die Fahrzeuge sind in der Regel etwas jünger als die Modelle von Westcoast Mountain Campers, nichtsdestotrotz verfügt Canadream auch über ein *run of fleet*-Programm. Die Fahrzeuge in dieser Kategorie sind etwas älteren Jahrgangs und haben meist größere Gebrauchsspuren und nicht die neuste Ausstattung. Wem das nicht allzu wichtig ist, der kann hier extra sparen. Einwegmieten sind, gegen einen Aufpreis, zwischen allen sieben Stationen möglich. Das bewährte Modell hat Canadream bei Übernahme auch für Westcoast Mountain Campers eingeführt.

Bei Canadream können Kunden zwischen fünf verschiedenen Fahrzeugmodellen entscheiden. Hinzu kommt die sogenannte *run of fleet*-Option. Diese Option kommt nur für bis zu maximal vier Reisende pro Fahrzeug in Frage. Wer sich für das *run of fleet*-Programm entscheidet, weiß bis zum Tag der Übernahme nicht, welches Fahrzeugmodell der Gruppe zugewiesen wird. Der Vermieter stellt sicher, dass das Fahrzeug groß genug für die Gruppe ist, aber was für ein Modell es letztendlich wird, liegt bei dieser Option nicht in der Hand des Mieters. Die Flotte von Canadream setzt sich aus folgenden Fahrzeugen zusammen: einem Truck Camper-Modell (TC-A), einem Deluxe Van Camper (DVC / Van Conversion), einem Super Van Camper (SVC) sowie zwei verschiedenen Alkoven-Wohnmobilen, dem Midi Motorhome (MH-B) und dem Maxi Motorhome (MH-A). Letztere Fahrzeuge reichen von 24 bis 33 Fuß.

Wie auch bei Westcoast Mountain Campers erhebt Canadream eine Gebühr für Reisen in die USA. Pro Nacht werden hier 10 Dollar berechnet. Auch die *northern surcharge* ist bei Canadream für alle fällig, die auf gewissen Highways gen Norden fahren möchte. Fahrten auf dem berühmten Dempster Highway sind nur zwischen dem 1. Juni und dem 31. August gestattet. Wichtig zu notieren ist, dass Canadream bei Direktbuchung nur einen eingetragenen Fahrer im Paket inkludiert. Für jeden weiteren Fahrer wird eine Gebühr von 5 Dollar pro Nacht für die gesamte Mietdauer berechnet. Unbedingt beim

Veranstalter erkundigen, was im Paketpreis eingeschlossen ist, um ungeplante Zusatzkosten an dieser Stelle zu vermeiden!

Einige der Fahrzeuge verfügen über einen Generator. Dieser darf zwischen dem 1. Oktober und dem 30. April kostenlos benutzt werden, vom 1. Mai bis zum 30. September fällt eine Gebühr in Höhe von 15 Dollar für jede gebuchte Nacht an, wenn Kunden den Generator benutzen möchten. Diese Gebühr summiert sich jedoch nur bis zu einer maximalen Höhe von 150 Dollar plus Steuern. Wer plant, den Generator zu benutzen, sollte nicht vergessen, dass dieser Benzin benötigt. Wer dies nicht bei der Planung des Tankstands berücksichtigt, kann am nächsten Tag eine böse Überraschung erleben, wenn der Tank plötzlich leer ist. Zudem weist Canadream seine Gäste darauf hin, dass die größeren Wohnmobile (Maxi Motorhomes) teilweise über einen Propantank mit einer Kapazität von über 65 Litern verfügen können. Einige Fähren erlauben jedoch nur Fahrzeuge mit Propantanks, die weniger als 65 Liter fassen können. Wer einige Fährfahrten, insbesondere in Québec, plant, der sollte eines der kleineren Fahrzeuge in Erwägung ziehen, da diese mit den geforderten Standards übereinstimmen. Bei Fragen kann man sich hier an seinen Veranstalter oder direkt an Canadream wenden.

Canadream

Mietstationen: 7 – Vancouver, Whitehorse, Edmonton, Calgary, Toronto, Montréal und Halifax

Fahrzeuge: Truck Camper (TC-A), Deluxe Van Camper (DVC), Super Van Conversion (SVC) mit *slide-out*, Midi Motorhome (MH-B; 24 bis 28 Fuß) mit *slide-out* und Maxi Motorhome (MH-A; 28 bis 33 Fuß) mit *slide-out*

Mindestalter: Das Mindestalter für die Miete eines Wohnmobils ist 21 Jahre. Der Führerschein muss mindestens bis einen Tag nach Rückgabe des Fahrzeugs gültig sein.

Vorteile: Flex-Preise, großzügiger geschnittene Fahrzeuge mit *slide-outs* verfügbar, sehr gutes Preis-Leistungs-Verhältnis, viel gebucht von deutschen Veranstaltern, größte Auswahl an Mietstationen in Kanada (zusammen mit Westcoast Mountain Campers)

Four Seasons RV

Four Seasons ist eine Gruppe von Fraserway RV LP, einem der bekanntesten Wohnmobilvermieter Kanadas. Die Division wurde im Jahr 2006 gegründet und soll eine kostengünstigere Alternative zur Premium-Marke Fraserway bieten. Fahrzeuge können an fünf Stationen in Kanada übernommen werden. Wichtig zu beachten ist hierbei, dass die Station in Vancouver tatsächlich in Abbotsford, gut eine Stunde außerhalb der Stadt, liegt. Diese Station ist zugleich der Hauptsitz von Four Seasons. Die meisten Veranstalter werden Kunden auf solche Ausnahmen hinweisen, damit es bei der Anreise nicht zu ungeplanten Zeitverzögerungen kommt.

Four Seasons C-XLarge Wohnmobil

Ein nennenswerter Unterschied zu den vorherigen Vermietern ist, dass Four Seaons keine Gebühren für Reisen in die USA oder eine *northern surcharge* erhebt. Außerdem fallen keine Extrakosten für zusätzliche Fahrer an. Für Reisende, die einen Abstecher in die USA oder den Norden planen, kann dies eine nicht unbedeutende Rolle bei der Wahl des Vermieters spielen.

Alle Fahrzeuge in der Flotte von Four Seasons sind Alkoven-Wohnmobile. Diese reichen von 19 Fuß (C-Small) bis hin zu 31 Fuß (C-XLarge) mit *slide-out*. Alle Fahrzeuge sind von Adventurer, einer Eigenmarke von Fraserway RV LP, hergestellt. Dies garantiert, dass die Firma Anmerkungen und Kritikpunkte von Gästen schneller in neuen Fahrzeugen umsetzen kann und ein größerer Gestaltungsspielraum herrscht. Die Fahrzeuge von Four Seasons sind in der Regel drei Jahre oder älter. Hierbei handelt es sich Fahrzeuge, die zuvor von Fraserway vermietet wurden, aber aufgrund der neueren Modelle ersetzt werden und größere Gebrauchsspuren und höheren Kilometerstände aufweisen können.

Für Reisende, die Alkoven-Wohnmobile bevorzugen, stellt Four Seasons RV einen geeigneten Vermieter dar. Ein weiter Pluspunkt: Four Seasons und Fraserway stellen größtenteils deutschsprachiges Personal ein. Das erleichtert Camping-Neulingen die Übernahme und sorgt für ein besseres Verständnis.

Four Seasons RV

Mietstationen:	5 – Vancouver (Abbotsford), Edmonton (Leduc), Calgary, Toronto und Halifax
Fahrzeuge:	19 Fuß Wohnmobil (C-Small), 22 Fuß Wohnmobil (C-Medium), 23 bis 25 Fuß Wohnmobil (C-Large) mit *slide-out* und 29 bis 31 Fuß Wohnmobil (C-XLarge) mit *slide-out*
Mindestalter:	Das Mindestalter für die Miete eines Wohnmobils ist 21 Jahre.
Vorteile:	Alle Fahrzeuge sind aus eigener Herstellung; Four Season schließt Zusatzfahrer, Reisen in die USA und in den Norden Kanadas im Paketpreis mit ein, kostengünstigere Alternativen zum Premium-Anbieter Fraserway.

Go North

Go North ist ein Nischenanbieter für RV-Rentals im hohen Norden Kanadas und Alaskas. Mit drei Stationen in den USA (Seattle, Fairbanks und Anchorage) und einer Station in Whitehorse gehört das Unternehmen nicht zu den größten Anbietern Kanadas, aber einem der beliebtesten, wenn es um Abenteuerreisen im Norden des Landes geht. Mieter dürfen alle Highways in Alaska, dem Yukon und den Northwest Territories befahren. Ein Vorteil für diejenigen, die das Abenteuer suchen. Einschränkungen können jedoch je nach Zustand der Straßen oder Witterungsbedingungen vom Vermieter auferlegt werden. Für alle, die ein Wohnmobil bei Go North mieten, fällt eine zusätzliche Gebühr von 0,25 Dollar pro gefahrener Meile auf *gravel roads* an. Bei Go North handelt es sich um ein familiengeführtes Unternehmen, welches einen individuellen Service ermöglicht.

Wer mit einem der deutschen Veranstalter bucht, kann bereits ab einer dreiwöchigen Miete (21 Tage) mit einer Vergünstigung rechnen. Als einziger der gelisteten Vermieter bietet Go North ein dreistufiges Preissystem für die beliebten Truck Camper an. Je nach Modelljahr unterscheidet Go North Bronze- (Modelljahre 2012-2013), Silver- (Modelljahre 2014-2015) und Gold-Modelle (Modelljahre 2016 bis 2018/für die Saison 2018). Dies erlaubt eine individuelle Fahrzeugwahl ganz nach den Bedürfnissen und dem

Der Dempster Highway, mit dem Truck Camper von Go North kein Problem

Budget der Reisenden. Außerdem umfasst die Fahrzeugflotte 19 Fuß Alkoven-Wohnmobile sowie 22 bis 24 Fuß Alkoven-Wohnmobile, die in die Kategorien Silver und Gold unterteilt werden.

Die Anzahl der verfügbaren Fahrzeuge ist sehr begrenzt, insbesondere an der Station in Whitehorse. Neben Go North kann man in Whitehorse auch Fahrzeuge mit Canadream und Fraserway mieten.

Go North

Mietstationen: Insgesamt 4, 3 in den USA, 1 Station in Kanada: Whitehorse

Fahrzeuge: Truck Camper (Bronze, Silver und Gold), 19 Fuß Alkoven-Wohnmobil (Silver und Gold), 22-24 Fuß Alkoven-Wohnmobil (Silver und Gold)

Mindestalter: Das Mindestalter für die Übernahme eines der Fahrzeuge ist 25 Jahre.

Vorteile: In Alaska, dem Yukon und den Northwest Territories sind alle Highways erlaubt (für das Befahren mit dem Wohnmobil fällt eine zusätzliche Gebühr von 0,25 Dollar pro gefahrener Meile auf einer *gravel road* an); verschiedene Preiskategorien für einzelne Modelle verfügbar (Bronze, Silver und Gold), Nischenanbieter für den Norden Kanadas.

Islander RV

Islander RV ist der einzige Wohnmobilvermieter auf Newfoundland & Labrador und befindet sich in direkter Nähe zur Hauptstadt St. John's. Das Unternehmen ist bereits seit 20 Jahren im Geschäft und vermietet Fahrzeuge in den Sommermonaten vom 1. Mai bis zum 31. Oktober. Kunden haben die Wahl zwischen vier verschiedenen Wohnmobilgrößen der Klasse C (Alkoven-Wohnmobil): 22, 24, 28 und 31 Fuß Wohnmobile. Die Mindestmietdauer beträgt sieben Tage, jedoch werden kürzere Mieten als mögliche *special requests* in Erwägung gezogen. In der Miete enthalten sind der Shuttleservice von St. John's sowie 150 Freikilometer pro Nacht. Bei Übernahme wird eine Kaution in Höhe von 750 Dollar fällig, die jedoch spätestens zwei Tage nach Rückgabe zurückerstattet wird, insofern es keine Beanstandungen vonseiten des Vermieters gibt.

Bei Übernahme sollte sich über die Einschränkungen der verschiedenen Straßen informiert werden. Wenn es an die Ostküste Kanadas abseits der üblichen Reiserouten gehen soll, ist man bei Islander RV bestens aufgehoben.

Islander RV

Mietstationen:	1: St. John's
Fahrzeuge:	22, 24, 28 und 31 Fuß Alkoven-Wohnmobile
Mindestalter:	Das Mindestalter für die Übernahme eines der Fahrzeuge ist 25 Jahre.
Vorteile:	Einziger Wohnmobilvermieter auf Newfoundland & Labrador; Zusätzliche Fahrer sind im Paketpreis eingeschlossen; 150 Freikilometer pro gebuchter Nacht; 20 Jahre Erfahrung in der Wohnmobilindustrie.

4.3 Vermieter im Premiumbereich

Die letzten Vermieter, die vorgestellt werden, lassen sich als Premiumanbieter definieren. Gründe hierfür sind der Ruf innerhalb der Branche, die ausgezeichnete Serviceleistung sowie die neuesten Fahrzeuge und Modelle. Dementsprechend sind die Mieten bei den folgenden Anbietern auch in der Regel etwas höher. Die meisten Vermieter bieten hin und wieder Pakete an, die gewisse Serviceleistungen beinhalten, die andernfalls nur gegen eine Gebühr verfügbar sind. Während Owasco und Traveland RV nur mit einer Mietstation in Kanada vertreten sind, können Fahrzeuge von Fraserway RV an sechs verschiedenen Standorten übernommen werden. Wer also neben verlässlichen Fahrzeugen auch Wert auf die „Marke" legt, für den sind die folgenden Vermieter eine gute Anlaufstelle.

Dieses Kapitel soll bei der Wahl des richtigen Vermieters eine Hilfestellung bieten. Es gibt außer den folgenden Anbeitern noch viele weitere Vermieter wie beispielsweise Motorhome Travel, Happy Holidays oder Meridian RV, auf die an dieser Stelle jedoch nicht im Detail eingegangen werden kann. Die hier gelisteten Anbieter gehören zu den größten und beliebtesten des Landes und werden von einer Vielzahl deutscher Veranstalter gebucht.

Adventurer 4 von Fraserway RV

Fraserway RV

Fraserway RV gehört zu den wohl bekanntesten Wohnmobilvermietern in Kanada und vermietet Fahrzeuge seit 1991. Alle Fahrzeuge in der Flotte sind von Adventurer, der Eigenmarke von Fraserway RV LP hergestellt. Die Fahrzeuge werden ständig modernisiert, und Anmerkungen von Kunden finden Berücksichtigung in den neuesten RVs. Für gewöhnlich werden die Fahrzeuge ein bis drei Jahre unter der Marke Fraserway vermietet, bevor sie entweder verkauft oder an Four Seasons RV abgetreten werden. Die Flotte von Fraserway umfasst mehrere hunderte Fahrzeuge an sechs verschiedenen Standorten, mit dem Hauptsitz in Delta, Vancouver. Kunden können zwischen Van Conversions, Truck Campern, Alkoven-Wohnmobilen, Class A-Wohnmobilen und dem eigens hergestellten Adventurer 4 von Fraserway wählen. Letzterer ist derzeit einzigartig auf dem Markt und unterscheidet sich von den anderen Wohnmobilen durch den Truck-Unterbau. Dieser ermöglicht Familien, dass alle Reisenden nach vorn gerichtet im Fahrzeug sitzen und während der Fahrt nicht im hinteren Bereich des Wohnmobils untergebracht sind.

Je nach Standortgröße sind nicht alle Fahrzeuge verfügbar, aber die beliebtesten Modelle wie der Truck Camper und die Alkoven-Wohnmobile finden sich an jeder Mietstation. Ein weiteres Highlight: Fraserway verfügt über einige barrierefreie Wohnmobile, die auf Anfrage gebucht werden können.

Wie Four Seasons wirbt Fraserway mit deutschsprachigem Personal, was Camping-Einsteigern die Übernahme des Fahrzeugs erleichtert. Ebenso wie Four Seasons erhebt Fraserway keine Gebühr für Zusatzfahrer oder Reisen in die USA. Auch eine *northern surcharge* wird bei Fraserway nicht erhoben. Dennoch sollte man bei Übernahme des Fahrzeugs auf die Einschränkungen verschiedener Reiserouten achten, dies ist insbesondere bei Reisen im Yukon oder in Alaska angebracht.

Veranstalter, die Fraserway RV buchen, schließen die Kosten für die persönliche Ausstattung sowie das Küchen- und Badezimmerequipment im Paketpreis mit ein. Wie bei den meisten Vermietern bietet Fraserway einen kostenlosen Shuttleservice von örtlichen Hotels oder dem Flughafen zur Übernahmestation.

Fraserway RV

Mietstationen: 6 – Vancouver (Delta), Whitehorse, Edmonton (Leduc), Calgary, Toronto und Halifax

Fahrzeuge: Van Conversion, Truck Camper, Truck Camper mit *slide-out*, Adventurer 4 Motorhome, 19 Fuß Wohnmobil (C-Small), 22 Fuß Wohnmobil (C-Medium), 23 bis 25 Fuß Wohnmobil (C-Large) mit *slide-out* und 29 bis 31 Fuß Wohnmobil (C-XLarge) mit *slide-out*, Class A-Wohnmobil, barrierefreies Wohnmobil (nur sehr wenige Fahrzeuge verfügbar, nur auf Anfrage und nicht an allen Standorten)

Mindestalter: Das Mindestalter für die Miete von Fahrzeugen ist 25 Jahre für Reisende aus Nordamerika. Nichtsdestotrotz werden für Reisende aus Europa Ausnahmen gemacht und Mieten ab 21 Jahren sind möglich. Bitte nachfragen.

Vorteile: Alle Fahrzeuge sind aus eigener Herstellung und werden dementsprechend ständig überarbeitet. Kritikpunkte von Kunden finden Berücksichtigung. Fraserway schließt Zusatzfahrer, Reisen in die USA und in den Norden Kanadas im Paketpreis mit ein; deutschsprachiges Personal an den meisten Standorten.

Durch die Größe des Unternehmens bieten sich Einwegmieten als reizvolle Reiseoption mit Fraserway an. Der Vermieter bietet hin und wieder Sonderangebote an, die eine Überführungsfahrt zu einem vergünstigten Preis bewerben. Wer außerhalb der Angebote eine Einweg-Fahrt machen möchte, kann dies gegen einen Aufpreis und je nach Verfügbarkeit der Fahrzeuge buchen. Hierzu empfiehlt es sich, sich mit dem Veranstalter oder Fraserway direkt in Kontakt zu setzen.

Fraserway ist seit Jahren wohl einer der beliebtesten Wohnmobilvermieter Kanadas und wird von vielen Veranstaltern in Deutschland vorzugsweise aufgrund der Größe und Kundenzufriedenheit gebucht.

Owasco RV

Owasco RV ist seit über 40 Jahren im Geschäft und zählt aufgrund der Qualität der Fahrzeuge zu den Premiumvermietern in Kanada. Das Unternehmen verfügt über einen Standort in Whitby, Ontario, etwas außerhalb der Großstadt Toronto. Shuttles sind gegen eine Gebühr verfügbar. Von der örtlichen Bahnstation, die Whitby mit Toronto verbindet, wird ein kostenloser Transfer angeboten. Wer Wert auf hochwertige Fahrzeuge legt, kann hier das richtige Modell für seine Reise finden.

Die Flotte von Owasco umfasst drei verschiedene Fahrzeugkategorien. Von den praktischen Van Conversions über Class C-Alkoven-Wohnmobile und Class A-Fahrzeuge. Bei Übernahme der Fahrzeuge wird eine Kaution in Höhe von 650 Dollar abgebucht. Wer mit Kindern reist, sollte wissen, dass Owasco keine Kindersitze vermietet, diese jedoch für Kinder unter neun Jahren verpflichtend sind. In der direkten Nähe zur Mietstation befinden sich mehrere Geschäfte, die Kindersitze verkaufen. Ein weiterer wichtiger Hinweis ist, dass Owasco ein offizielles Maximalalter für Mieter angibt und dieses nur in Sonderfällen über-

Owasco RV

Mietstationen: 1 – Whitby (Toronto)

Fahrzeuge: 19 Fuß und 22 Fuß Van Conversions, 24 Fuß, 26 Fuß und 30 Fuß Alkoven-Wohnmobile sowie Class A 32 Fuß Wohnmobil.

Mindestalter: Das Mindestalter für die Miete von Fahrzeugen ist 25 Jahre. Fahrer unter 25 Jahre dürfen nur mit einer besonderen Genehmigung der Station fahren. Fahrer über 75 Jahren benötigen ebenfalls eine Sondergenehmigung des Vermieters, um Fahrzeuge zu fahren.

Vorteile: Premiumfahrzeuge höchster Qualität und renommierter Hersteller, 40 Jahre Erfahrung in der RV-Branche.

schritten werden kann. Wer über 75 Jahren alt ist, sollte sich beim Veranstalter oder Owasco direkt über die Bedingungen erkundigen.

Fahrzeuge werden von März bis Oktober vermietet. Wie bei vielen anderen Vermietern sind Wohnmobile nicht auf dem Dempster Highway im Yukon, dem Death Valley oder Mexiko erlaubt. Für Fahrten nördlich auf dem Alaska Highway wird eine *northern surcharge* erhoben. Die Fahrzeuge sind alle Modelle renommierter Hersteller und bieten höchsten Komfort. Wer nach Ontario reist, um seine Reise zu beginnen, der kann bei Owasco das ein oder andere gute Angebot finden. Vergleichen lohnt sich!

Traveland RV

Traveland RV gilt neben Fraserway und Owasco als einer der Premiumanbieter Kanadas, der insbesondere vom deutschen Veranstalter SK Touristik vorzugsweise gebucht wird. Die Flotte des Vermieters umfasst derzeit etwa zweihundert Fahrzeuge, die etwa alle zwei bis drei Jahre erneuert werden. Die Fahrzeuge werden häufig mit Ausstattungspaketen beim Hersteller gekauft, die dem Mieter ein etwas komfortableres Reiseerlebnis bieten. Da die Fahrzeuge im Anschluss an ihre Laufzeit als Mietfahrzeug verkauft werden, erlaubt es Traveland, diese Modelle mit zusätzlichen Ausstattungspaketen teurer zu verkaufen. Dies kommt dem Mieter zu Gute!

Die Fahrzeugflotte umfasst derzeit Van Conversion, Class C-Alkoven-Wohnmobile sowie Class A-Fahrzeuge. Diese reichen in der Länge von 23 bis 32 Fuß. Zu den beliebtesten Fahrzeugen der Flotte gehört wohl das Navion iQ Class C

Traveland RV

Mietstationen:	1 – Langley (Vancouver)
Fahrzeuge:	Van Conversion, Class C-Alkoven-Wohnmobile (23 bis 32 Fuß) und Class A-Fahrzeuge (31 und 32 Fuß)
Mindestalter:	Das Mindestalter für die Miete von Fahrzeugen ist 23 Jahre.
Vorteile:	Die Fahrzeugflotte des Vermieters ist sehr vielseitig und jung; durch das Geschäftsmodell des Vermieters verfügen viele Fahrzeuge über besondere Ausstattungspakete (Markise, Einparkhilfe etc.), die bei anderen Vermietern vielleicht nicht verfügbar sind.

Mercedes Diesel Wohnmobil, welches sich ideal für zwei Reisende eignet und über genügend Komfort verfügt. Wie bei vielen Vermietern ist auch bei Traveland eine *northern surcharge* für Reisen in den Norden fällig. Die Pakete des Vermieters beinhalten die Standardausrüstung sowie das Küchenequipment. Bettzeug und Handtücher müssen separat gemietet werden, sind jedoch in den meisten Fällen im Paketpreis der deutschen Veranstalter mit eingeschlossen.

Mieter erhalten pro Nacht 150 Freikilometer. Außerdem können Kilometerpakete hinzu gebucht oder separat bei Abgabe gezahlt werden.

Wem klar ist, dass die Westküste des Landes von Vancouver aus erkundet werden soll, der ist bei Traveland gut aufgehoben. Wie auch Fraserway gehört der Vermieter zu einem mit der höchsten Kundenzufriedenheit.

4.4 Mietstationen in Kanada (Niederlassungen)

Die im vorherigen Kapitel vorgestellten Vermieter decken einen Großteil Kanadas mit ihren Standorten ab. Für den Reisenden bietet dies eine großartige Flexibilität in der Reiseplanung und ermöglicht in vielen Fällen einen Vergleich der verfügbaren Vermieter und Fahrzeuge. Die folgende Karte soll zur Visualisierung der verschiedenen Mietstationen dienen und bei der Reiseplanung helfen. Wer beim Veranstalter bucht, kann hier ebenfalls um Rat fragen! Sollte der gewünschte Vermieter bereits vollständig ausgebucht sein, kann es immer noch andere Optionen und Möglichkeiten geben. Wer weiß, dass es nach Newfoundland oder vielleicht in den Norden des Landes gehen soll, dem ist dazu geraten frühzeitig Angebote und Verfügbarkeit zu erfragen, um böse Überraschungen zu vermeiden!

- Cruise Canada
- Westcoast Mountain Campers by Canadream
- Canadream
- Four Season
- Go North
- Islander RV
- Fraserway RV
- Owasco RV
- Traveland RV

5. RV Typen in Kanada

Schilderwald in Watson Lake, Yukon

5. RV-Typen in Kanada

In Kapitel 4 wurden bereits die verschiedenen Fahrzeugtypen der Vermieter erwähnt. Nun ist es an der Zeit auf diese detailliert einzugehen, um die Wahl des richtigen Fahrzeugs für die eigene Reise zu erleichtern. Grundsätzlich unterscheiden Hersteller zwischen Sprintermodellen, den sogenannten Class B-Fahrzeugen, Alkoven-Wohnmobilen, Class C-Fahrzeugen und den großen RV-Bussen, Class A-Fahrzeugen. Hinzu kommen die beliebten Truck Camper, bei denen es sich um Pick-ups mit einem bewohnbaren Aufsatz handelt, welcher als RV fungiert.

Die verschiedenen Gruppen können in Länge und Ausstattung stark variieren, dementsprechend ist es wichtig, bei der Wahl nicht nur auf das Modell, sondern auch auf die Größe des Fahrzeugs zu achten. Im Folgenden wird auf die verschiedenen Fahrzeugtypen genauer eingegangen. Nicht alle Vermieter nutzen dieselben Hersteller für ihre Fahrzeuge, aus diesem Grund werden die Unterschiede im Folgenden exemplarisch hervorgehoben und potenzielle Vor- und Nachteile genauer beleuchtet. Herstellertypische Details werden nicht beachtet.

5.1 Sprintermodelle – Class B

Class B-Fahrzeuge oder Van Conversions sind besonders beliebt bei Reisenden, die allein oder zu zweit unterwegs sind und gleichzeitig auf ihr Budget achten müssen oder wollen. Die Sprintermodelle stehen den größeren Wohnmobilen in Sachen Ausstattung in nichts nach. Gekonnt werden alle Bestandteile eines RVs in diese Fahrzeuge integriert. Wer sich für einen der Van Conversion entscheidet, muss sich jedoch darüber im Klaren sein, dass kein Platz im Fahrzeug verschwendet wird. Das „Badezimmer" besteht meist aus einer Nasszelle mit Toilette, Waschbecken und Duschvorrichtung: Duschen ist möglich, aber eine Herausforderung. Wem die tägliche Dusche wichtig ist, der sollte vielleicht den ein oder anderen privaten Campingplatz in seine Reisepläne integrieren.

Nichtsdestotrotz, die kompakten Class B-Fahrzeuge sind vollkommen autark, und wer es einmal nicht bis zum nächsten Zielort schafft, der kann beruhigt den nächsten staatlichen Campingplatz ansteuern. Der Grundriss der Fahrzeuge, der *floor plan*, kann von Vermieter zu Vermieter und Hersteller zu Hersteller variieren. In den meisten Fällen verwandelt sich der Essbereich mit Sitzbänken und Esstisch am Abend in das Bett. Wem ein allzeit zugängliches Bett zum Ausruhen wichtig ist, der sollte vielleicht eines der Class C-Alkoven-Wohnmobile für seine Reise in Erwägung ziehen.

Van Conversion

In der Küche findet sich alles, was für die Zubereitung eines einfachen Essens vonnöten ist. Kühlschrank, Mikrowelle und Herd fehlen in keinem der Fahrzeuge, Gefrierfach und Ofen sind jedoch in den meisten Fällen eine Ausnahme. Wichtig: die Mikrowelle kann in den meisten RVs nur dann betrieben werden, wenn das Fahrzeug an ein Stromnetz angeschlossen ist. Die Batterieleistung der Fahrzeuge genügt in den meisten Fällen nicht, um die Mikrowelle zu nutzen.

Van Conversions eigenen sich ideal für all diejenigen unter den Campern, die mehr wollen als jede Nacht das Zelt aufzuschlagen, aber auf den Luxus und Komfort eines der größeren Wohnmobile gern verzichten. Die Fahrzeuge messen in den meisten Fällen etwa um die 22 Fuß und gelten unter den RVs als spritsparend. Fahrten in größere Städte sind mit diesen RVs in der Regel kein Problem, einzig beim Parken kann es hier und dort Schwierigkeiten geben, aber das ist in den Großstädten des Landes generell nicht untypisch.

Class B

Vorteile:	Kompakt und spritsparend; preisgünstigstes Fahrzeugmodell
Nachteile:	eingeschränkter Komfort; nur für maximal zwei Reisende zu empfehlen

5.2 Alkoven-Wohnmobile – Class C

Alkoven-Wohnmobile gehören mit Abstand zu den beliebtesten RVs in Nordamerika. Jedem Reisenden werden unzählige dieser Fahrzeuge auf den Straßen begegnen. Die Class C-Wohnmobile reichen in ihrer Länge von 19 bis 32 Fuß und sind teilweise mit zusätzlichen Erweiterungen, den sogenannten *slide-outs*, ausgestattet. In den größten Fahrzeugen können bis zu sieben Passagiere untergebracht werden, während die kleineren Modelle ideal für zwei Personen sind. Wer mit einer großen Gruppe reist, sollte sich beim Veranstalter oder Vermieter erkundigen, wie viele Schlafmöglichkeiten und tatsächliche Sitzplätze im Fahrzeug vorhanden sind. Manchmal gibt es mehr nutzbaren Schlafplatz als Gurte im Wohnmobil! Außerdem sollte man nicht unterschätzen, wie wertvoll ungestörter Schlaf ist. Wer mit Freunden oder dem größeren Familienkreis reist, sollte mehrere kleine Fahrzeuge in Erwägung ziehen, um die Reise möglichst stressfrei und erholsam für alle Beteiligten zu gestalten.

Class C Wohnmobil

Alkove

Das Wort Alkove bezeichnet übrigens eine Bettnische/Schlafgelegenheit. Die Alkove der Wohnmobile ist der Überhang über der Fahrerkabine, der das prägnante Markenzeichen der Class C-Fahrzeuge ist.

Wie auch die kleineren, wendigeren Sprintermodelle verfügen Alkoven-Wohnmobile über alle notwendigen Bestandteile eines RVs. Je nach Größe sind Schlaf- und Essbereich in diesen Fahrzeugen großzügiger geschnitten oder befinden sich auf einer kleinen Erhebung, die am Abend bei gefundener Parkposition etwas erweitert werden kann, in dem sie herausgefahren wird und das Fahrzeug vergrößert. Diese Erweiterung wird als *slide-out* bezeichnet. Einige Fahrzeuge verfügen nur über einen *slide-out*, andere über mehrere. Wichtig hierbei: Immer daran denken, den *slide-out* am nächsten Tag vor der Abfahrt einzufahren und niemals mit ausgefahrenem *slide-out* auf den Straßen unterwegs zu sein!

Alle Class C-Wohnmobile verfügen über ein richtiges Bett, das nicht erst am Abend aufgebaut werden muss. Dieses befindet sich je nach Größe des Fahrzeugs entweder in der namensgebenden Alkove oder im hinteren Bereich des Wohnmobils. Das Badezimmer in diesen Fahrzeugen verfügt über eine Toilette, ein Waschbecken sowie eine Dusche. Bei den kleineren Modellen handelt es sich hierbei, wie bei den Class B-Fahrzeugen, um eine Nasszelle, während in größeren Wohnmobilen die Dusche separat im Badezimmer integriert ist. Die Küche ist in den meisten Fällen mit Herd, Mikrowelle, Ofen, Kühlschrank und Gefrierfach ausgestattet. Das Gefrierfach, wenn vorhanden, ist in den meisten Fällen nicht sehr groß. Unbedingt beim Einkauf im Hinterkopf behalten!

Der Herd und Ofen werden, wie einige weitere Bestandteile des Wohnmobils, mit Propan betrieben. Alle Fahrzeuge sind neben einem Rauchmelder auch mit einem Propanmelder ausgestattet. Dieser befindet sich am Fußboden, meist in der Nähe der Treppe nach draußen, da Propan schwerer als Luft ist und zu Boden sinkt, sofern es ein Leck gibt oder vergessen wurde, den Herd komplett abzuschalten. Auch der Kühlschrank nutzt Propan, um ordnungsgemäß zu kühlen. Bei Fährfahrten wird verlangt, dass die Propanzufuhr geschlossen wird, dies kann zu Irritationen der Technik führen und Fehlermeldungen können auftreten. Dies kann vermieden werden, indem der Kühlschrank bereits vor Antritt der Fährfahrt abgeschaltet wird oder indem er, nachdem die Fehlermeldung bereits aufgetreten ist, abgeschaltet und neu gestartet wird.

Die größeren Modelle verfügen in der Regel über einen Generator, der genutzt werden kann, sofern das Fahrzeug geparkt ist. Wer den Generator benutzen möchte, sollte sich bei Übernahme des Fahrzeugs über mögliche Zusatzkosten informieren und sich erklären lassen, wie der Generator zu bedienen ist. In den meisten Fällen reicht die Lebensdauer der Batterien mindestens zwei bis drei Nächte, bevor ein privater Campingplatz mit Stromanschluss anvisiert werden sollte. Die Lebensdauer variiert jedoch merklich, je nachdem wie groß der Stromverbrauch ist. Mittlerweile verfügen viele der neueren Fahrzeuge auch über Solarzellen, die die Batterien während der Reise aufladen. Wer den

Generator auf dem Campingplatz laufen lässt, sollte sich unbedingt die Regeln des Campingplatzes etwas genauer anschauen! Es gehört zur Etikette, dass Generatoren aufgrund der Lärmbelästigung grundsätzlich nicht über Nacht laufen gelassen werden. Persönlich kann ich jeden Reisenden nur dazu anregen, Generatoren nicht nach 18 Uhr zu nutzen, schließlich sind alle Reisenden unterwegs, um die Natur und die Stille zu genießen. Man sollte jedoch vorbereitet sein, den einen oder anderen Camper anzutreffen, der diese Etikette unbeachtet lässt. Bei der Nutzung bitte unbedingt im Hinterkopf behalten, dass Sprit verbraucht wird. Wer also am nächsten Tag einige hundert Kilometer bis zur nächsten Tankstelle vor sich hat, sollte hier zunächst auf die Tankanzeige schauen.

Je nach Größe des Fahrzeugs verfügen dieses dementsprechend auch über mehr Stauraum. Obwohl die meisten Vermieter die Lagerung von Gepäckstücken anbieten, kann dies ein nicht unbedeutender Faktor sein, wenn neben der üblichen Campingausstattung auch eine Angel, ein kleiner Grill oder anderes *outdoor equipment* transportiert werden soll.

Class C-Wohnmobile bieten mit Abstand die größte Modellvielfalt und eigenen sich ideal für einen *roadtrip* in Kanada. Hier findet sich für jeden Camper das richtige Modell!

Class C

Vorteile:	Kompakt und spritsparend; preisgünstigstes Fahrzeugmodell
Nachteile:	eingeschränkter Komfort; nur für maximal zwei Reisende zu empfehlen

5.3 Truck Camper

Die Truck Camper zählen zu den heimlichen Stars vieler Camping-Urlauber, insbesondere derjenigen, die bereits zuvor mit einem RV in Nordamerika unterwegs waren. Sie unterscheiden sich in ihrem Erscheinungsbild maßgeblich von den „klassischen" Wohnmobilen. Es handelt sich bei ihnen um eine Kombination von einem Pick-up-Truck, der mit einem bewohnbaren Aufsatz versehen wurde. Diese Fahrzeuge eignen sich ideal für zwei bis drei Personen und sind ebenfalls mit *slide-outs* verfügbar.

In den meisten Fällen sind die Trucks von Dodge, Ford oder GMC und verfügen über Vierradantrieb. Dieser sollte jedoch nur benutzt werden, wenn es wirklich notwendig ist, und man sollte sich bei der Übernahme über die Einstellungen und Einschränkungen informieren. Durch das zusätzliche Gewicht auf der Hinterachse des Fahrzeugs können einige Einstellungen durchaus schä-

Ein klassischer Truck Camper ohne *slide-out*

digend sein, und der Schaden, der bei fehlerhafter Nutzung aufkommen kann, ist nicht unerheblich. Im Vergleich zu den anderen Fahrzeugen verfügen Truck Camper über keinen Durchgang zum Wohnbereich. Dies kann sich als sehr angenehm erweisen, wenn auf *gravel roads* gefahren wird und man das Rütteln der Einrichtung nicht hören kann. Nichtsdestotrotz sollte man dadurch nicht übermütig werden. Die böse Überraschung kann einen dann erwarten, wenn einem der Besen beim Öffnen der Hintertür vor die Füße fällt oder das ein oder andere Glas zerbrochen ist.

Truck Camper sind auch unter Reisenden mit Kindern beliebt. Der Vorteil ist, dass alle Reisenden im Fahrzeug Platz finden und niemand im hinteren Teil, weit von den Eltern entfernt, untergebracht werden muss. In Bezug auf die Ausstattung stehen die Truck Camper den anderen Fahrzeugtypen in nichts nach. Das Bett ist permanent und befindet sich in dem Überhang über dem Truck. Die Küchenzeile ist meist mit Ofen, Propanherd, Kühlschrank und kleinem Gefrierfach ausgestattet, und der Essbereich kann, wenn nötig, zu einer weiteren Schlafmöglichkeit umgebaut werden. Das Badezimmer ist in den meisten Fällen eine Nasszelle, in einigen Modellen ist die Dusche als separater Bestandteil des Bades eingebaut.

Einige der Vermieter verfügen auch über Truck Camper, die mit einem *slide-out* versehen wurden. Diese bieten einen etwas größeren Komfort durch die Erweiterung, die in geparkter Position ausgefahren werden kann.

Bitte beim ersten Betreten des Fahrzeugs nicht erschrecken, die Truck Camper wackeln durch ihren versetzten Schwerpunkt und die höhere Lage auf dem hinteren Teil des Trucks etwas mehr. Um bequem in die höher liegenden Bereiche zu gelangen, verfügen alle Fahrzeuge über eine Treppe. Diese sollte während der Fahrt unbedingt eingeklappt sein. Sofern die gewünschte Parkposition erreicht ist, kann diese ausgeklappt werden. Beim Einstieg bitte niemals das komplette Körpergewicht auf den Griff verlagern, der sich neben der Tür befindet! Dieser dient als Einstiegshilfe, ist aber nicht zum Hochziehen geeignet. Reisende, die körperlich etwas eingeschränkt sind und/oder Schwierigkeiten beim Treppensteigen haben, sollten sich vor Buchung unbedingt beim Veranstalter oder Vermieter über die verschiedenen Modelle informieren.

Der Camper ist auf dem „Rücken" des Trucks durch sogenannte *fast guns* gesichert. Diese dürfen unter keinen Umständen geöffnet oder abgenommen werden. Die meisten Vermieter versichern Truck Camper nur im „Paket": Wird der Camper abgenommen oder gelöst, erlischt der Versicherungsschutz. Sollte es auf der Reise zu Zwischenfällen kommen, bei denen sich eines der *fast guns* löst, sollte man sich umgehend mit dem Versicherer in Verbindung setzen, um sich die nächsten Schritte erklären zu lassen.

Bei der Fahrt sollte man außerdem wissen, dass die Alkove des Campers, die über der Fahrerkabine des Trucks hängt, bei sehr schlechten Straßen und zu schneller Fahrt aufsitzen kann. Daher bitte bei dementsprechenden Straßenbedingungen unbedingt die Geschwindigkeit anpassen, um Schäden an Truck und Camper zu vermeiden.

Truck Camper

Vorteile: Wohnbereich und Fahrerkabine sind voneinander getrennt; bestens für gravel roads und schlechtere Straßenverhältnisse geeignet.

Nachteile: Reifenschäden kommen tendenziell häufiger vor, dies liegt vor allem an den Straßen, die mit diesen Fahrzeugen befahren werden können; durch die erhöhte Lage kann das Eintreten in den Wohnbereich für Reisende mit Hüftproblemen oder anderen körperlichen Einschränkungen etwas schwieriger sein.

Die meisten Wohnmobile, die heutzutage auf dem Mark erhältlich sind, sind Benziner. Es gibt einige unter ihnen, die Diesel tanken, aber zum aktuellen Zeitpunkt ist die Anzahl dieser Fahrzeuge in den Flotten der Vermieter gering. Unter den Truck Campern gibt es jedoch mehrere Dieselfahrzeuge. Dies wird bei der Übernahme meist deutlich hervorgehoben und der Tankdeckel ist zudem zusätzlich mit einem Aufkleber versehen. Bitte unbedingt darauf achten, womit das eigene Fahrzeug betankt werden darf! Während meiner Zeit bei einem der Vermieter ist es leider einige Male vorgekommen, dass der falsche Kraftstoff getankt wurde und Schäden in Höhe von mehreren tausenden Dollar aufkamen.

Der Truck Camper ist das ideale Abenteuergefährt, vor all diejenigen, die wissen, dass es auf ihrer Reise etwas abseits der gewohnten Wege gehen soll!

5.4 Busse – Class A

Class A-Wohnmobil

Class A-Wohnmobile gehören wohl mit Abstand zu den eindrucksvollsten RVs in Nordamerika. Sie sind nur bei wenigen Vermietern erhältlich und sollten nur von erfahrenen Reisenden gemietet werden, denn es bedarf einiger Zeit, bis man sich an das Fahren dieser Giganten gewöhnt hat. Die Fahrzeuge sind unter deutschsprachigen Reisenden nicht allzu populär, aber wer Erfahrungen mit Wohnmobilen hat und den höchsten Komfort schätzt, der kann hier das richtige Fahrzeug für sich finden. Die Wohnmobile erinnern in ihrem Erscheinungsbild an Busse und verfügen in den meisten Fällen über mindestens einen *slide-out*.

Meist mit einem Generator versehen, stehen die Class A-Wohnmobile den anderen Fahrzeugen in nichts nach. Die Küche ist voll ausgestattet mit Herd, Ofen und Mikrowelle, und das Badezimmer verfügt über Waschbecken, separate Dusche und Toilette. Wer sich für dieses Fahrzeug entscheidet, legt in erster Linie Wert auf größeren Komfort. Die Fahrzeuge sind erstaunlich manövrierfähig, können im Verkehr größerer Städte jedoch eine größere Herausforderung für Camping-Neulinge darstellen. Ein hoher Wendekreis und ungewohnte Sichteinschränkungen erfordern etwas Übung und Geduld. Der Spritverbrauch liegt im Durchschnitt bei etwa 30 Litern pro 100 gefahrenen Kilometern. Dies ist ein nicht unbedeutender Kostenfaktor, der in der Planung berücksichtigt werden sollte. Auch wenn Sprit tendenziell etwas günstiger ist als in Europa, sollte dies nicht über den enormen Verbrauch der Fahrzeuge hinwegtauschen.

Wer auf seiner Reiseroute Fähren nutzen möchte, sollte sich beim Veranstalter oder spätestens beim Vermieter über Einschränkungen informieren. Auch bei Brückendurchfahrten sollte man sich vorher über die zulässigen Höhen erkundigen und gegebenenfalls die Brücke weiträumig umfahren. Nicht nur bei den Class A-Fahrzeuge, sondern auch bei jedem anderen RV ist es wichtig, sich mit den Maßen vertraut zu machen, um böse Überraschungen zu vermeiden.

Wer Wert auf eine etwas andere Urlaubserfahrung legt, der kann beim Class A-Fahrzeug genau den richtigen RV für sich finden. Eine Reise mit einem dieser Busse hat jedoch nicht mehr viel mit einem typischen Wohnmobil-Urlaub gemeinsam.

Class A
Vorteile: größtmöglicher Komfort und umfangreichste Ausstattung
Nachteile: Spritverbrauch, Manövrierfähigkeit

6. Ausstattungsdetails der Camper

Der perfekte Platz für die Nacht

6. Ausstattungsdetails der Camper

Im vorherigen Kapitel wurde bereits auf die wichtigsten Bestandteile der individuellen Fahrzeuge eingegangen. Im Folgenden sollen nun das Augenmerk auf die detaillierten Merkmale der Fahrzeuge (Modelle), den Innenausbau, die wohnliche sowie technische Ausstattung gelegt werden.

Je nach Vermieter kann die Ausstattung der Fahrzeuge etwas variieren, jedoch ist die Ausstattung der Modelle verschiedener Hersteller im Kern ähnlich oder gar identisch. Für die Vollständigkeit der Listen kann keine Haftung übernommen werden und wem gewisse Bestandteile der Ausstattungspakete besonders wichtig sind, der sollte sich beim Veranstalter und/oder Vermieter über diese im Vorhinein informieren.

6.1 Fahrzeugdetails

Die meisten Wohnmobile der kanadischen Vermieter sind auf einem Ford, GMC, Dodge oder eventuell Mercedes Chassis (Fahrgestell) aufgebaut. Die Marken der einzelnen RV Modelle reichen von Roadtrek, Pleasure-Way, Coachmen, Jayco, Thor Motorcoach, Winnebago über Adventurer (Eigenmarke von Fraserway RV), um an dieser Stelle nur einige zu nennen. Diese zählen zu den bekanntesten und beliebtesten Fahrzeugherstellern in der RV-Industrie. Bei den Truck Campern gibt es verschiedenste Kombinationen. Dieselfahrzeuge kommen hier ab und zu vor, und einige der Trucks verfügen über vier Räder auf der hinteren Achse des Fahrzeugs. Diese Fahrzeuge werden als sogenannte *duallys* bezeichnet und werden generell häufig genutzt, um höhere Lasten zu tragen. Trucks, die über keine Doppelbereifung auf der Hinterachse verfügen, sind trotzdem problemlos in der Lage, das Gewicht der Camper zu tragen. Wer also die eine oder andere Fahrzeugvariante erhält, muss sich über die Tragfähigkeit keine Sorgen machen. Wie auch bei Mietwagen werden die RVs der Vermieter in den meisten Fällen nach einigen Saisons verkauft, aus diesem Grund haben viele Vermieter verschiedene Fahrzeuge im Mietprogramm.

6.2 Innenausbau und wohnliche Ausstattung

Im vorherigen Kapitel wurde der Innenausbau der verschiedenen RV-Typen bereits angeschnitten. Der Grundriss oder *floor plan* kann von Hersteller zu Hersteller und von Fahrzeugtyp zu Fahrzeugtyp variieren, beinhaltet jedoch immer dieselben Bestandteile.

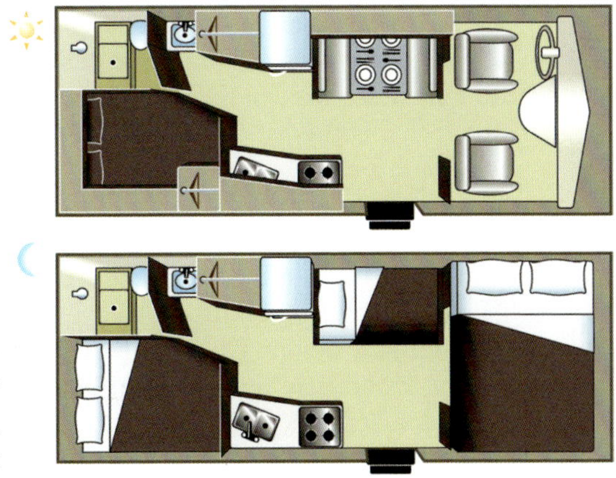

- Fahrerkabine
- Schlafbereich
- Küche/Essbereich
- Badezimmer
- Abwassersystem
- Außenbereich
- Stauraum

Der Umfang, in dem diese Bestandteile im Fahrzeug vorhanden sind, kann entsprechend der Größe des Modells maßgeblich variieren. Die Fahrerkabine ist entweder direkt mit dem Wohnbereich des Fahrzeugs verbunden (Class B-, C- und A-Fahrzeuge) oder vom Wohnbereich getrennt (Truck Camper). Je nach Fahrzeugmodell finden hier zwei bis fünf Personen Platz. In Nordamerika sind Fahrzeuge mit automatischer Gangschaltung alltäglich, aus diesem Grund muss sich niemand über die manuelle Schaltung Gedanken machen. Dies erleichtert insbesondere RV-Neulingen die Handhabung der ungewohnt großen Fahrzeuge.

Bei der automatischen Gangschaltung gibt es folgende Optionen:

P = *Park* (Parken)
R = *Reverse* (Rückwärtsgang)
N = *Neutral* (Leerlauf)
D = *Drive* (Fahren)
L = *Low Gear* (niedriger Gang, manchmal wird zusätzlich zwischen 1. und 2. Gang unterschieden)

tow/haul-Funktion

Eine weitere nicht unbedeutende Funktion ist *tow/haul*. Diese ist nur in den größeren Fahrzeugen/Trucks verfügbar. Es handelt sich hierbei um eine technische Einrichtung, die dafür sorgt, dass der Zeitpunkt, an dem das Fahrzeug automatisch schaltet, versetzt wird. Dies ist besonders hilfreich bei Fahrten im Gebirge. Dadurch, dass die Schaltdauer von Fahrzeugen mit automatischen Getrieben um einiges länger ist als bei Fahrzeugen mit manueller Schaltung, hilft die *tow/haul*-Funktion dabei, dass es zu keinem unnötigen Zugkraftverlust während der Fahrt bergauf kommt. Bei Fahrten mit langen Abschnitten bergab sorgt die Funktion dafür, dass das Fahrzeug früher herunter schaltet und das Fahrzeug so zusätzlich abbremst. Dies hilft dabei die Nutzung der Bremsen zu reduzieren und Überhitzung zu vermeiden. Grundsätzlich sollte diese Funktion nur in bergigen Strecken zugeschaltet werden.

Die Schaltung kann je nach Fahrzeug etwas anders aussehen und befindet sich bei den meisten Fahrzeugen rechts vom Lenkrad. Bei der Übernahme des Fahrzeugs werden die verschiedenen „Gänge“ erklärt. Wer danach immer noch unsicher ist, sollte hier nicht zögern nachzufragen.

Je nach Größe verfügen die Fahrzeuge entweder über ein fest eingebautes Bett oder einen Schlafbereich, der täglich umgebaut werden muss. Größere Modelle verfügen mindestens über ein richtiges Bett, entweder im hinteren Teil des Fahrzeugs oder in der Alkove, und funktionelle Schlafmöglichkeiten, die aufgebaut werden können. In den meisten Fällen handelt es sich hierbei um den Essbereich, der zu einem Bett umgebaut wird. Je nach Modell sind die Matratzen in der Alkove nicht besonders dick oder weich. Wer Rückenprobleme hat, sollte sicherstellen, dass ein richtiges Bett im Fahrzeug vorhanden ist. Der Schlafplatz, der aus dem Essbereich entsteht, ist meist etwas kürzer und ideal für Kinder geeignet.

Die Küche ist in allen Fällen mit einem Spülbecken sowie einem Herd ausgestattet. In den größeren Fahrzeugen finden sich zusätzlich noch ein Ofen und eine Mikrowelle. Letztere kann jedoch nur betrieben werden, wenn das Fahrzeug an das Stromnetz auf einem privaten Campingplatz angeschlossen ist. Natürlich gibt es auch einen Kühlschrank und in den großen Modellen ein Gefrierfach. Der Herd und Ofen werden durch Propan betrieben. Wer dies nicht gewohnt ist, muss sich keine Sorgen machen. Die Handhabung ist sehr simpel und die Fahrzeuge sind alle mit einem Propanmelder ausgestattet. Das Abwaschbecken ist nicht immer aus Metall, sondern viel häufiger aus Plastik. Bitte unbedingt darauf achten, dass keine heißen Töpfe in das Waschbecken gestellt werden! Die Küchenausstattung, die entweder in der Miete enthalten ist oder hinzu gebucht werden kann, umfasst alle wichtigen Bestandteile. Dazu gehören Teekessel, Töpfe, Teller, Schüsseln, Besteck, Gläser, Tassen und weitere Kochutensilien. Bei manchen Vermietern gibt es zusätzlich Salatschleudern, Thermoskannen, Teekannen oder andere nicht ganz so essentielle Bestandteile.

Die Küchenzeile in einem 19 Fuß Wohnmobil

Der Essbereich befindet sich gegenüber der Küchenzeile und besteht aus einer oder zwei Sitzbänken und einem Tisch. Dieser Bereich kann in den meisten Fällen zu einer Schlafgelegenheit umgebaut werden. Unter den Sitzbänken findet sich oft noch zusätzlicher Stauraum.

Essbereich

Der Umfang des Badezimmers hängt ganz von der Größe des Fahrzeugs ab. In den kleineren Modellen sind Toilette, Dusche und Waschbecken vorhanden, jedoch handelt es sich um eine Nasszelle aus Plastik, in der alles nass wird, wenn geduscht wird. Die meisten Reisenden sind deshalb keine großen Freunde der Dusche, dennoch ist es praktisch, eine Abduschmöglichkeit zu haben, sollten Wanderschuhe schmutzig werden oder die Kinder im Schlamm gespielt haben. Bei diesen Duschen geht es vor allem darum, eine Selbstversorgung zu ermöglichen. Häufig ist das Wassersystem der Dusche mit einer Außendusche verbunden. Diese ist besonders nützlich, wenn Vierbeiner mitreisen oder andere Dinge abgespült werden müssen.

Je größer das Fahrzeug, umso großräumiger wird auch das Badezimmer. In den großen Modellen ist die Dusche separat, so wie man es von Zuhause gewohnt ist, und man muss sich keine Sorgen machen, bei der nächsten Drehung etwas umzuwerfen. Die Dusche ist meist mit dem Wasserhahn verbunden, und es muss ein Hebel umgelegt werden, um das Wasser umzuleiten.

Bei der Toilette handelt es sich um eine Chemietoilette. Wer keine Erfahrung mit dem Campen hat, mag jctzt vielleicht die Stirn runzeln und sich Sorgen um den Geruch machen, aber die Chemikalien, die entweder vom Vermieter bereitgestellt werden oder in den größeren Ketten wie Canadian Tire erhältlich sind, sind, bei richtiger und regelmäßiger Nutzung, hervorragend.

Das Abwassersystem im Wohnmobil unterscheidet *grey* und *black water*. Der Grauwassertank (*grey water tank*) fängt jegliches Abwasser aus Spüle, Waschbecken und Dusche auf. Der Schwarzwassertank (*black water tank*) fängt nur das Abwasser der Toilette auf. Das Volumen des Grauwassertanks ist immer etwas größer als das des Schwarzwassertanks. Wie das Abwasser zu entsorgen ist, wird an späterer Stelle in Kapitel 11.5 beschrieben.

Stauraum ist ein nicht unbedeutender Faktor bei der Fahrzeugwahl. In Relation zu der Anzahl an möglichen Reisenden und der Größe des Fahrzeugs nimmt auch das Stauraumvolumen zu. Die Fahrzeuge sind so effizient wie möglich gestaltet, und sowohl innerhalb des Fahrzeugs als auch außerhalb gibt es viele verschiedene Stauräume.

Kritische Überprüfung vor Reiseantritt

Der Außenbereich des Fahrzeugs zeichnet sich durch die Außendusche, Stauraum sowie Zugänge zur Technik des Kühlschranks, Boilers, Propantanks und Abwassersystems aus. Die Zugänge zu den technischen Geräten sollten außer Acht gelassen werden, außer es kommt zu technischen Schwierigkeiten. Dann sollte aber zuerst der Vermieter kontaktiert werden, bevor selbstständig Maßnahmen ergriffen werden!

Die Außenfächer der Wohnmobile eignen sich ideal für leere Koffer, Grill, Campingstühle und jegliches *outdoor equipment*. Die Fächer lassen sich alle abschließen, jedoch sollten keine wertvollen Gegenstände in den Außenfächern gelagert werden, denn einige Schlösser können mit einem Universalschlüssel geöffnet werden.

Im Wohnbereich des Fahrzeugs wird man überrascht sein, wie viel Stauraum tatsächlich vorhanden ist. Die Hersteller arbeiten stetig daran, die Fahrzeuge zu verbessern und effizienter zu gestalten. Wichtig ist, dass man am Ende der Reise noch weiß, wo man all seine Schätze untergebracht hat, und es empfiehlt sich einen letzten Rundgang zu machen, wenn das Fahrzeug komplett ausgeräumt ist. In den meisten Fällen werden die Vermieter bei der Rückgabe ebenfalls noch einmal Mitarbeiter die Fahrzeuge prüfen lassen, so dass keine Lieblingsspielzeuge oder Sonnenbrillen vergessen werden.

6.3 Technische Ausstattung

Die technische Ausstattung der Fahrzeuge ändert sich nahezu jährlich. Dadurch, dass die meisten Fahrzeuge nach einigen Jahren verkauft werden, verfügen sie in der Regel über eine durchaus akzeptable technische Ausstattung.

Die Fahrzeuge selbst sind heutzutage im Regelfall mit CD-Spieler, Aux-Anschluss, USB-Anschluss und sogar Steckdose versehen. Zigarettenanzünder gibt es auch weiterhin (auch wenn Rauchen in den Mietfahrzeugen strengstens verboten ist), um Ladegeräte anzuschließen. In einigen Fällen bieten die Fahrzeuge auch Satellitenradio an, dies ist besonders angenehm, wenn man in den abgelegeneren Regionen des Landes unterwegs ist. In den Trucks gibt es in einigen Fällen bereits sogar Navigationsgeräte und bei den Wohnmobilen sind in den meisten Fällen Rückfahrkameras installiert. Nichtsdestotrotz sollte man sich immer gegenseitig beim Rückwärtseinparken helfen. Die Kamera kann, wie auch bei jedem anderen Fahrzeug, nicht alle Winkel eindeutig erfassen. Die Trucks verfügen des Weiteren über Sensoren, die Hindernisse am Ende des Fahrzeugs erkennen. Durch den Aufsatz auf der Ladefläche hängt der Camper jedoch vor den Sensoren. Dies führt dazu, dass beim Einlegen des Rückwärtsgangs häufig sofort ein Piepen beginnt. Dadurch sollte man sich nicht verwirren lassen und sich auf die Handzeichen des draußen stehenden Reisepartners verlassen.

Die Bordcomputer der Fahrzeuge verfügen über detaillierte Informationen über den Spritverbrauch sowie die Nachhaltigkeit der eigenen Fahrweise und in einigen Fällen über nützliche Zusatzfunktionen oder andere Spielereien, die nicht wirklich notwendig sind. In einigen Fahrzeugen gibt es einen Schalter für die Seitenspiegelheizung. Dieser sollte stets ausgeschaltet sein und ist nur für kalte/zugefrorene Seitenspiegel gedacht.

Im Wohnbereich des Fahrzeugs werden die meisten technischen Bestandteile entweder durch Batterien oder Propan betrieben. Die Wohnmobile verfügen über eine separate Batterie für den Wohnbereich. Diese wird bei längeren Fahrten langsam geladen. Nichtsdestotrotz sollte man in regelmäßigen Abständen eine Nacht auf einem privaten Campingplatz einlegen, um diese wieder vollends aufzuladen.

Kontrollanzeigen geben den Stand des Frisch-, Grau- und Schwarzwassertanks wieder ebenso wie den Energiestand der Batterie. Die Beleuchtung im Wohnmobil sind heutzutage meist energiesparende LED- Lampen und die Dunstabzugshaube sowie der Ventilator im Abzug im Badezimmer werden mit Strom betrieben.

In den meisten Fällen verfügt der Wohnbereich über eine separate Musikanlage, die manchmal auch Musik auf Lautsprecher nach draußen überträgt. Bei der ersten Nutzung sollte man sich mit den verschiedenen Funktionen vertraut machen, um eine Lärmbelästigung der Nachbarn durch versehentliches Zuschalten der Außenlautsprecher zu vermeiden.

In wenigen Fällen sind Fernseher im Fahrzeug vorhanden. Hier sollte man sich bei der Übernahme informieren, ob eine Nutzung möglich ist oder der Fernseher nur für den späteren Verkauf des Fahrzeugs vorgesehen ist.

Die Heizung in den Fahrzeugen darf nur in geparkter Position zugeschaltet werden, dasselbe gilt für den Boiler und die Wasserpumpe. Vor Abfahrt muss immer geprüft werden, ob alle Geräte ausgeschaltet sind. Ebenso sollte man sich nach der Zubereitungen von Mahlzeiten versichern, dass Ofen und Herd komplett ausgeschaltet sind. Auch wenn es einen Propanmelder gibt, kann es vorkommen, dass man nicht sofort merkt, wenn der Propanherd nicht vollends abgeschaltet ist. Beim Kochen sollte man zudem immer die Dunstabzugshaube zuschalten und Fenster öffnen. Durch den engen Raum kommt es hier häufig vor, dass der Rauchmelder auslöst.

Beispielhafte Ausstattung des Wohnmobils

Der RV hat ein 12-Volt-System, das mithilfe der zusätzlichen Batterie betrieben wird, sowie ein 110-Volt-System, welches nur dann benutzt werden kann, wenn das Fahrzeug an ein Stromnetz angeschlossen ist oder durch einen Generator betrieben wird. Wie bereits zuvor erwähnt, betreibt die Batterie technische Geräte wie den Kühlschrank, den Boiler, die Heizung oder die Beleuchtung. Wer gern seine Mikrowelle oder andere technische Geräte benutzen möchte, muss auf den elektrischen Anschluss oder den Generator, wenn vorhanden, zurückgreifen.

In den meisten Fällen stellen die Vermieter ein kleines Betriebshandbuch zu Verfügung in dem die gängigsten „technischen Schwierigkeiten" erläutert und Reparaturen Schritt für Schritt erklärt werden. Wem damit nicht geholfen werden konnte, der sollte den Vermieter direkt kontaktieren, bevor die nächste Werkstatt angefahren wird. Häufig arbeiten Vermieter mit verschiedenen Ketten und Werkstätten zusammen und schicken Kunden gezielt zu diesen.

6.4 Zubuchbare Leistungen

In vorherigen Kapiteln wurde bereits kurz auf den Umfang der Mietpakete eingegangen. Viele Vermieter bieten verschiedenen Zusatzleistungen an, die entweder bei Buchung oder vor Ort bei Übernahme hinzugebucht werden können. Viele Veranstalter in Deutschland stellen sicher, dass die „Grundausstattung" bereits im Paketpreis bei Buchung enthalten sind.

Dazu gehören die persönliche Ausstattung, die beispielsweise Bettwäsche und Handtücher sowie die Küchenausstattung beinhaltet. Der Umfang der Küchenausstattung variiert von Vermieter zu Vermieter. Grundsätzlich sind jedoch alle notwendigen Bestandteile enthalten, und wer bereits vor Reiseantritt weiß, was ihm wichtig ist, der kann die fehlenden Gegenstände entweder aus Deutschland mitbringen oder vor Ort günstig kaufen, zum Beispiel im örtlichen Supermarkt, Canadian Tire oder Walmart.

Außerdem bieten viele Anbieter die Miete von Campingstühlen, Grills, Fahrradträgern, Fahrrädern, Kindersitzen, Babybetten, Navigationsgeräten und beispielsweise Toastern an. Wichtig ist jedoch, sich vor der Buchung darüber zu informieren, welche Zusatzleistungen verfügbar sind. Nicht alle Vermieter stellen Kindersitze zur Verfügung. Andere vermieten zwar Fahrradträger, aber keine Fahrräder.

In Kapitel 4 wurde bereits auf einige Zusatzleitungen der spezifischen Vermieter eingegangen. Weitere Zusatzkosten, die bei der Reiseplanung Berücksichtigung finden sollten, sind:

- Zusatzfahrer
- *northern surcharge*
- Fahrten in die USA
- Zusatzkilometer/Kilometerpakete
- Gebühren für die Nutzung des Generators

Nicht alle Vermieter erheben dieselben Gebühren. Wem es zu aufwendig ist, die einzelnen Vor- und Nachteile zu recherchieren, dem ist dazu geraten, sich beim Veranstalter zu informieren. Diese wissen meist am besten, welcher der Vermieter das richtige Gesamtpaket im Programm hat.
Etwa 350.000 Deutsche besuchen Kanada jedes Jahr. Viele von ihnen reisen mit Kindern. Die Ostküste kann man schon innerhalb von sieben bis acht Stunden mit dem Flugzeug direkt von Frankfurt erreichen und der Wechselkurs ist für Europäer so gut wie selten zuvor, was der Familienkassen zugutekommt.

7. Reisen mit Kindern

Schwarzbär-Mama mit Jungem

7. Reisen mit Kindern

Ob in Kanada oder anderswo auf der Welt, campen gilt seit jeher als eine familienfreundliche Reiseform, die es den Kleinsten erlaubt, der Natur ganz nah zu kommen und in einem gewohnten Umfeld Neues zu entdecken. Moderne Städte, unendliche Weiten, viel Natur und die Popularität des Campens machen Kanada zu einem idealen Reiseziel für Familien mit Kindern.

7.1 Kanada ist ein kinderfreundliches Land

Kanada kann in vielerlei Dingen mit Deutschland verglichen werden. Nicht ohne Grund ist das Land bei Deutschen so beliebt. Die Städte sind modern, das Weltbild ist westlich und aufgrund der Lage ähnelt das Klima dem in Europa sehr. Pluspunkte Kanadas sind der gute Ruf der Einwohner des Landes, die unendlichen Weiten und die oftmals noch unberührte Natur, die Reisende aus Europa nur hier finden können.

Gerade für all diejenigen, die mit kleineren Kindern reisen, findet sich im Süden des Landes eine ideale Mischung aus gut ausgebauter Infrastruktur und Natur. Nicht ohne Grund gehören Vancouver, Calgary und Toronto zu den beliebtesten Zielen für Erstreisende, und auch für Familien empfehlen sich diese Städte als idealer Ausgangspunkt für ein unvergessliches kanadisches Abenteuer.

Da Campingreisende meist in den Sommermonaten mit Wohnmobilen unterwegs sind, sollte man sich stets über Waldbrände informieren. Diese treten im Westen des Landes häufiger auf und sollten bei der Reiseplanung berücksichtigt werden. Nur in den seltensten Fällen kommt es jedoch zu größeren Einschränkungen durch Waldbrände. Besucherzentren vor Ort geben hier Auskunft. Egal ob mit oder ohne Kinder gereist wird, das Feuer auf dem Campingplatz sollte stets im Auge behalten und sachgemäß gelöscht werden.

Je nach Reiseziel und Jahreszeit muss man darauf vorbereitet sein, dass man sich mit Mücken, *black flies* (Kriebelmücken) und Bremsen herumschlagen muss. Gerade den kleineren Passagieren können diese ganz schön die Laune verderben. Aus diesem Grund sollte man Insektenschutzmittel oder Duftkerzen gegen Insekten mit sich führen und idealerweise aus Deutschland mitbringen oder *After Bite* kaufen, um im Fall von Insektenstichen vorbereitet zu sein. In der Regel sind Mücken und Co besonders schlimm in Gebieten, in denen es viele Seen, stehende Gewässer und Marschlandschaften/Moore gibt. Auch Zecken kommen in Kanada mittlerweile häufiger vor. Dementsprechend sollte man sich und die Kinder nach Wanderungen absuchen, um Zeckenbisse zu vermeiden.

Im Gegensatz zu Australien muss man sich in Kanada keine Sorgen um giftige oder lebensbedrohliche Tiere machen. Die meisten Tiere, die für den Menschen gefährlich werden können, sind so groß, dass man sie eher selten übersieht und rechtzeitig den Rückzug antreten kann. Einzig im Inland von British Columbia und den Prärien Albertas, Saskatchewans und Manitobas sollte man die Augen nach Klapperschlangen offen halten und Kinder nicht unbeaufsichtigt im Gebüsch spielen lassen. Der Biss der Schlangen ist nicht zwangsläufig tödlich, kann jedoch zu enormen Irritationen und Schmerzen führen. Viel wichtiger ist, dass man sich gerade den größeren Tieren des Landes nicht nähert und ihnen ihren Freiraum lässt. Bären, Wölfe und Pumas sind nicht dafür bekannt, Menschen anzugreifen, gelten jedoch auch als Opportunisten und sollten dementsprechend nicht unterschätzt werden. Die größte Gefahr besteht, wenn Tiere Nachwuchs haben und besonders reizbar sind. Grundsätzlich sollte man ohne Furcht reisen, jedoch schadet es nicht, wenn man Kindern den richtigen Umgang mit Tieren näherbringt und klare Regeln in Bezug zum Freigang auf dem Campingplatz setzt.

In der Regel muss man sich in Kanada keine Sorgen um die Kriminalität machen. Wie in jedem Urlaub gilt es den gesunden Menschenverstand walten zu lassen. Wer sicherstellt, dass Wertgegenstände sachgemäß verstaut sind und das Fahrzeug jederzeit abschließt, läuft wenig Gefahr ausgeraubt zu werden. Wer plant längere Zeit mit dem Fahrzeug in Städten unterwegs zu sein und nicht jedes Mal das komplette Fahrzeug aufräumen möchte, sollte die Vorhänge zuziehen, um Kriminellen keinen Anreiz zum Einbruch zu geben.

Nicht gefährlich: Arktisches Eichhörnchen

Der Verkehr in den größeren Ballungsräumen kann teilweise nervenaufreibend sein. Wer sich Zeit nimmt und langsam fährt, sollte hier jedoch keine Schwierigkeiten haben. Innerhalb der Städte sollte man selbst bei der Überquerung eines Zebrastreifens die Augen offen halten, da viele Kanadier einfach ungeachtet dieser weiterfahren. Auf den Campingplätzen gilt in der Regel ein Tempolimit von 10 bis 20 km/h. Grundsätzlich halten sich die meisten Camper an diese Regel, da viele von ihnen ebenfalls mit Kindern unterwegs sind. Nichtsdestotrotz sollte man immer ein Auge auf die Durchfahrt haben, wenn Kinder spielen.

Sowohl auf den Campingplätzen als auch in vielen Parks finden sich Parkbänke, öffentliche Toiletten und Spielplätze, die in den meisten Fällen sehr gut instand gehalten werden. Auch entlang der Straßen finden sich viele sogenannte *rest areas*, die über gut gepflegte Toiletten und Picknicktische verfügen. Restaurants bieten, wie auch in Europa, häufig Kinderspeisen und kleinere Portionen an und verfügen über eine Spielecke oder Malsachen.

Auf Entdeckungstour im Pazifischen Regenwald

Und auch wie in Deutschland findet man in Kanada grundsätzlich alle notwendigen Versorgungsmittel für die Kleinsten in den Supermärkten. Von Windeln über Ersatzkleidung ist alles erhältlich. Wer in den abgelegeneren Regionen des Landes unterwegs ist, sollte jedoch stets sicherstellen, dass ein Vorrat der wichtigsten Versorgungsmittel an Bord ist.

Das Gesundheitssystem Kanadas ist in der Regel ausgesprochen akzeptabel, jedoch sollte man vor Reiseantritt unbedingt eine Reisekranken- und Unfallversicherung sowie eine Reiserücktrittsversicherung abschließen! Wer in Kanada zum Arzt muss, muss mit hohen Kosten rechnen und diese in allen Fällen selbst tragen. Die Kanadische Regierung bezahlt keine ärztlichen Leistungen für Besucher. Wer versichert ist, dem werden die Kosten im Anschluss an die Reise vom Versicherer zurückerstattet.

7.2 Das Wohnmobil als ideales Fortbewegungsmittel

Wie in den vorherigen Kapiteln bereits angeschnitten, ist es besonders wichtig, dass man das richtige Fahrzeug für seine Reise wählt. Für wen nur spezifische Fahrzeugmodelle in Frage kommen, der sollte mindestens ein halbes Jahr im Voraus buchen.

Gerade diejenigen, die mit Kindern reisen, sollten sich beim Veranstalter oder Vermieter über die verschiedenen Optionen informieren. Wer mit nur einem Kind unterwegs ist, hat in der Regel keine Schwierigkeiten einen passenden RV für sich zu finden. Sobald jedoch mit mehr als einem Kind gereist wird, muss man einen genaueren Blick auf das ausgewählte Fahrzeug werfen. Wie ist das Fahrzeug geschnitten, ist genügend Stauraum vorhanden, wie viele (sichere) Schlafmöglichkeiten gibt es und wo befinden sich die Kinder während der Fahrt?

In Kapitel 4.3 wurde kurz auf den Adventurer 4 von Fraserway eingegangen. Dieses Fahrzeug ist besonders beliebt bei Familien mit kleineren Kindern. Es gibt einen direkten Zugang zum Wohnbereich des Fahrzeugs und gleichzeitig befinden sich alle Reisenden während der Fahrt in der Fahrerkabine eines regulären Pick-up-Trucks. Auch in den Truck Campern finden alle Familienmitglieder Platz in der Fahrerkabine. Einzig in den Alkoven-Wohnmobile sowie den Class A-Busse müssen Mitreisende im Wohnbereich des Fahrzeugs sitzen. Hierbei handelt es sich um die Essecke, die mit Gurten ausgestattet ist.

Flexibilität während der Reise ist das A und O für Familien. Auch wenn es in der Hochsaison in den *hot spots* Kanadas wie Banff und Jasper zwingend erforderlich ist, dass man sich einen Campingplatz Monate vorher reserviert, kann man auch heute noch viele Orte finden, in denen es kein Problem ist, spontan einen Campingplatz anzusteuern. Die Flexibilität ist es, die den Reiz des Campens ausmacht und diese Art des Reisens eben gerade auch für Familien so beliebt macht. Wer mit Kindern reist, dem ist davon abgeraten jede Tagesetappe von morgens bis abends minutiös durchzuplanen. Es spricht nichts dagegen eine geplante Reiseroute festzulegen, jedoch sollte man diese mit einem Puffer berechnen, um unnötigen Stress und mauligen Kindern vorzusorgen.

Wie bereits erwähnt, ist die Infrastruktur im Süden des Landes ausgesprochen gut und man kann innerhalb einer oder zwei Stunde den nächsten größeren Supermarkt erreichen. Wer jedoch plant etwas weiter im Norden zu reisen oder aber mehrere Tage auf einem staatlichen Campingplatz ohne fließendes Wasser und Strom zu verbringen, der sollte sicherstellen, dass die Vorräte aufgestockt sind. Das verhindert böse Überraschungen und unnötige Umwege. Selbst im dicht besiedelten Süden des Landes sollte man immer genügend Lebensmittel, Benzin und Wasser dabei haben, damit der Tag nicht durch einen unvorhergesehenen Einkauf unterbrochen wird.

Wichtig ist außerdem, dass man rechtzeitig während des Tages mit der Suche nach dem richtigen Campingplatz beginnt, um noch im Hellen das Tagesziel zu erreichen. Wer die Campingplatzsuche bis kurz vor das Abendessen hinauszögert, riskiert schlechtgelaunte Kinder und einen stressigen Abend, der die Routine unnötig durcheinander bringt. Außerdem sollte man sicherstellen, dass der Campingplatz kinderfreundlich ist (mehr dazu in Kapitel 12.1).

Dies leitet über zum nächsten Punkt: Routine. Auch wenn man vielleicht regelmäßig den Wohnsitz während einer Campingreise ändert, heißt das nicht, dass es keine Routine geben kann. Geregelte Tagesabläufe machen den Urlaub für alle Beteiligten erholsamer und helfen den Kleinsten dabei sich an das ungewohnte Umfeld zu gewöhnen.

Wichtig ist außerdem, dass man dem Wohnmobil einen wohnlichen Charme verleiht, in dem man es mit gefundenen Schätzen wie Steinen und selbstgemalten Bildern dekoriert. Kinder sollten sich Zuhause fühlen und mitgestalten dürfen. Wichtig: Am Ende der Reise das ganze Fahrzeug durchstöbern, damit keine der Schätze oder das Lieblingskuscheltier vergessen werden!

Kanada ist ein großes Land und gerade wenn einem nur zwei Wochen zur Verfügung stehen, hat man häufig das Gefühl so viel wie möglich gesehen haben zu müssen. Dies ist jedoch weder für Erwachsene noch für Kinder ein erholsamer Urlaub. Die Tagesetappen sollten grundsätzlich kurz gehalten werden (200 Kilometer pro Tag sind ein guter Richtwert) und es sollte in regelmäßigen Abständen Unterbrechungen geben, damit sowohl Kinder als auch der Fahrer sich die Beine vertreten und frische Luft schnappen können. Diese Unterbrechungen können in die Tagesplanung integriert werden. Wie wäre es beispielsweise mit einem Picknick entlang der Strecke oder dem Besuch eines Informationszentrums?

Eltern kennen ihre Kinder am Besten und wissen, worauf sie achten müssen und wann die Kinder in der Regel am kooperativsten sind. Dies sollte man sich zunutze machen und die Reiseplanung an den Rhythmus der Kinder anpassen. Es schadet auch nicht, wenn man mal mehr als einen Tag auf einem Campingplatz verbringt und den Kleinsten Gelegenheit gibt, das Gebiet genauer zu erkunden.

Wer vor Reiseantritt einen Blick auf die Karte wirft, kann sicherlich den einen oder anderen geeigneten Ausgangspunkt für Tagestouren finden. Kinder wollen nicht den ganzen Tag im Auto sitzen, da kann die Landschaft in Kanada noch so schön sein. Das Land bietet viele Möglichkeiten für einen Aktivurlaub. Ob Spaziergang am Strand oder Erkundungstour auf dem Campingplatz – wichtig ist, dass die Kinder eine Gelegenheit bekommen sich im Urlaub zu bewegen!

Und wenn es dann doch mal regnet, dann sollte man nicht davor zurückschrecken die Regenjacke auszupacken und trotzdem auf Entdeckungstour zu gehen. Gleichzeitig ist eine Variation von verschiedenem Spielzeug ausgesprochen wichtig. Bastel- und Malutensilien sind stets beliebt und einfach zu transportieren, und jedes Kind hat mit Sicherheit sein Lieblingsspielzeug, das auf gar keinen Fall fehlen darf. Brettspiele gehören ebenfalls zu den Klassikern auf einer Campingreise und integrieren die gesamte Familie. Grundsätzlich sollte man elektronische Geräte vermeiden. Insbesondere Kinder, die zu Reiseübelkeit neigen, sollten möglichst in das Geschehen während der Fahrt involviert werden. Fahrten auf Kanadas Straßen eignen sich ideal für Spiele, die das Umfeld einbeziehen. Tiere am Straßenrand oder die Anzahl an Autos aus den verschiedenen Provinzen zu zählen, sind nur zwei Beispiele für die Möglichkeiten, die es gibt!

7.3 Gesetzliche Vorschriften

In Kapitel 1.4 wurde bereits auf die gesetzlichen Vorschriften in Bezug auf die allgemeine Anschnallpflicht und Kindersitze genommen. An dieser Stelle sollen die verschiedenen Stadien, die Kinder durchlaufen, nochmals erläutert werden. Außerdem finden sich am Ende dieses Kapitels einige hilfreiche Verweise, die Informationen über die richtige Nutzung von Kindersitzen zur Verfügung stellen, sowie Links, die zeigen, wie Kindersitze richtig zu installieren sind. Aus Versicherungsgründen sollen und dürfen die Vermieter nicht bei der Installation des Kindersitzes helfen.

In einigen Fällen kann es sich als besonders umständlich erweisen, wenn man plant, einen Kindersitz aus Europa mitzubringen. Einige der Vermieter bieten die Miete von Kindersitzen an. In vielen Fällen kann man jedoch auch günstige, zertifizierte Modelle vor Ort kaufen (zum Beispiel bei Canadian Tire).

Die Regeln in Bezug auf die Wahl des richtigen Kindersitzes variieren minimal von Provinz zu Provinz. Als Referenzpunkt finden sich untenstehend die Vorgaben für die Wahl des richtigen Kindersitzes in British Columbia:

- Säuglinge: müssen in rückwärts gerichteten (*rear facing*) Kindersitzen bis zu einem Mindestalter von 12 Monaten angeschnallt sein und über 9 Kilogramm wiegen.
- Kleinkinder: müssen ab einem Alter von einem Jahr und mit einem Gewicht von mindestens 9 Kilogramm auf einem vorwärts gerichteten (*forward facing*) Kindersitz angeschnallt sein. Diese Regelung gilt für Kinder bis zu einem Gewicht von 18 Kilogramm.
- Kinder unter 9 Jahre: benötigen einen Kindersitz mit Gurt solange sie unter 9 Jahre alt sind oder bis sie eine Größe von 145 Zentimeter erreicht haben.
- Jugendliche: ein normal sitzender Gurt genügt für alle Kinder, die mehr als 9 Jahre alt sind.

Im Yukon werden verschiedene Phasen, basierend auf dem Gewicht der Kinder, unterschieden:

- Phase 1: rückwärts gerichteter (*rear facing*) Kindersitz: Neugeborene/Säuglinge müssen in einen rückwärts gerichteten Kindersitz untergebracht werden, bis sie mindestens ein Gewicht von 10 Kilogramm erreichen und selbstständig laufen können.
- Phase 2: vorwärts gerichteter (*forward facing*) Kindersitz: Kleinkinder mit einem Gewicht von mehr als 10 Kilogramm, die selbstständig laufen können, müssen in einem nach vorn gerichteten Kindersitz mit Fünfpunktgurt gesichert werden bis sie mindestens ein Gewicht von 22 Kilogramm erreicht haben.

Hilfreiche Informationen über Regularien und die Wahl des richtigen Kindersitzes

British Columbia: www.icbc.com/road-safety/safer-drivers/Pages/Child-car-seats.aspx

Ontario: www.mto.gov.on.ca/english/safety/choose-car-seat.shtml

Yukon: www.roadsafety.gov.yk.ca/trans/transportservices/roadsafety/carseat.html

Was man vor dem Kauf eines Kindersitzes wissen sollte

youtu.be/3JzLQmVbgek (Englisch)

Wie installiere ich einen Kindersitz?

Guide to Installing a Rear-Facing Car Seat: youtu.be/GNcho0RS5kk

Guide to Installing a Forward-Facing Car Seat: youtu.be/cuLUzmrRkDc

- Phase 3: Kindersitz: Kinder mit einem Gewicht von über 22 Kilogramm müssen mithilfe eines Kindersitzes gesichert werden, bis sie mindestens eine Größe von 145 Zentimetern oder ein Gewicht von 45 Kilogramm erreicht haben. Je nachdem, welches Kriterium zuerst zutrifft.
- Phase 4: Gurt: Kinder/Jugendliche, die größer als 145 Zentimeter sind oder mindestens ein Gewicht von 45 Kilogramm erreicht haben, können ohne Kindersitz und nur mit einem Gurt gesichert mitfahren.

8. Das Kleingedruckte

Unterwegs auf dem Alaska Highway

8. Das Kleingedruckte

Wie bei jedem Vertragsabschluss, gibt es auch bei der Miete eines Wohnmobils das Kleingedruckte, das vor der Übernahme des Fahrzeugs und vor Antritt der Reise genau gelesen werden sollte. Zudem verlangt der Vermieter, dass man die Versicherungsdokumente unterzeichnet. In vielen Fällen sind die Dokumente auf Deutsch verfügbar. In jedem Fall sollte man sich die Zeit nehmen alles durchzulesen oder, noch besser, vor Antritt der Reise die Bedingungen auf der Website des Vermieters aufrufen oder sich vom Veranstalter zur Verfügung stellen zu lassen. Das spart am Ende viel Zeit bei der Übernahme und stellt sicher, dass man alles verstanden hat.

8.1 Mietbedingungen

Mit dem Unterzeichnen der Mietbedingungen stimmt der Mieter zu, alle Bestandteile des Vertrags verstanden zu haben und anzuerkennen. Dokumente, die im Nachhinein beigefügt wurden, sind nichtig.

Die Mietbedingungen unterscheiden sich von Vermieter zu Vermieter. Nichtsdestotrotz sind die folgenden Bestandteile in den Mietverträgen der meisten Vermieter inkludiert.

Fahrzeugschäden

Jegliche Schäden am Fahrzeug sind grundsätzlich vom Mieter zu tragen und an den Vermieter zu zahlen. Um dies zu vermeiden, kann man verschiedene Zusatzversicherungen beim Vermieter abschließen (siehe Kapitel 8.2).

Unzulässige Nutzung

Dem Mieter ist es verboten das Wohnmobil unzulässig zu nutzen. Der Versicherungsschutz erlischt automatisch, wenn dies nicht eingehalten wird. Dazu gehört beispielsweise das Fahren von Beteiligten, die nicht vertraglich festgehalten sind (Stichwort: Zusatzfahrer) oder das Fahren unter Einfluss von Alkohol oder Drogen.

Bußgelder, Verkehrsverstöße und Mautgebühren

Mieter verpflichten sich im Regelfall dazu, jegliche Strafzettel, Bußgelder und Mautgebühren umgehend zu zahlen. Sollte die Frist nicht eingehalten werden und der Vermieter als Halter des Fahrzeugs kontaktiert werden, behält sich der Vermieter in der Regel das Recht vor, eine zusätzliche, saftige Bearbeitungsgebühr zu erheben.

Unfälle und Diebstahl

Der Mieter verpflichtet sich jegliche Unfälle oder den Diebstahl des Fahrzeugs zu melden und den Vermieter umgehend zu benachrichtigen.

Unfälle muss man dem Vermieter sofort melden!

Truck Camper

Die meisten Vermieter versichern Truck Camper nur im Paket und verbieten es Mietern den Camper vom Truck zu entfernen. Sollte gegen diese Regel verstoßen werden und Schäden entstehen, ist der Mieter für jegliche entstandenen Kosten haftbar.

Fahrzeugaustausch

Gerade in der Hochsaison kann es vorkommen, dass der Vermieter das reservierte Fahrzeug durch unvorhergesehene Vorkommnisse nicht verfügbar hat. Viele Vermieter garantieren dem Mieter dann ein gleichwertiges oder höherwertiges Fahrzeugmodell.

Auftanken, Abwassertanks und Sauberkeit

Die meisten Vermieter verlangen, dass die Fahrzeuge in einem besenreinen Zustand abgegeben werden. Dazu gehört das Entleeren der Abwassertanks sowie das Auftanken des Fahrzeugs. Wer dies nicht macht, stimmt zu, dass eine erhöhte Bearbeitungsgebühr für den Mehraufwand berechnet wird. Außerdem rechnen die Vermieter nur mit einem von außen leicht beschmutzten Fahrzeug. Wer beispielsweise den Dempster Highway fährt, wird das Fahrzeug so nicht zurückgeben können. In den meisten Fällen fühlt man sich jedoch eh dazu gezwungen, das Fahrzeug nach Befahren dieser Straße zu waschen, ohne dass das vom Vermieter vorgegeben werden muss.

Rauchen

Wie in Mietautos und Hotels, ist das Rauchen in den RVs verboten. Wer die Regel bricht, muss mit einer hohen Reinigungsgebühr rechnen.

Verspätete Rückgabe

Der Vermieter wird bei der Übernahme einen Zeitraum angeben, in welchem das Wohnmobil am Tag der Rückgabe zurückgegeben werden kann. Wer es später als im vereinbarten Zeitraum zurückgibt, kann mit einer nicht unwesentlichen Gebühr rechnen. Wer weiß, dass er am Tag der Rückgabe noch eine weite Strecke vom letzten Campingplatz zurückzulegen hat, sollte dies direkt bei der Übernahme mit dem Vermieter absprechen.

Frühzeitige Rückgabe und ungenutzte Kilometer

In den meisten Fällen besteht kein Anspruch auf Erstattung im Fall einer frühzeitigen Rückgabe oder aufgrund ungenutzter Kilometer.

Reisebeschränkungen

In Kapitel 4 wurde bereits auf die Reisebeschränkungen eingegangen, die einige der Vermieter auferlegen. Der Versicherungsschutz erlischt, sobald die vom Vermieter gelisteten Straßen befahren werden. Hierzu gehören beispielsweise Forststraßen (*logging roads)* oder der Dempster Highway im Yukon. In einigen Fällen können die Reisebeschränkungen aufgehoben/verringert werden, indem die *northern surcharge* bezahlt wird und Kunden vom Vermieter die Erlaubnis erhalten weiter nördlich zu reisen.

Reiseabbruch

Die meisten Vermieter übernehmen keinerlei Haftung, wenn die Reise aus unvorhergesehenen Gründen abgebrochen werden muss. Aus diesem Grund empfiehlt es sich immer, eine Reiserücktrittsversicherung abzuschließen.

8.2 Versicherung

Versicherungen sind einer der Kernbestandteile des Mietvertrags. Wer zum ersten Mal ein Fahrzeug mietet, der ist meist schnell überfordert mit all den verschiedenen Versicherungspaketen, die direkt beim Vermieter hinzu gebucht werden können.

Grundsätzlich sind alle Fahrzeuge des Vermieters durch eine Kfz-Haftpflichtversicherung und eine Vollkasko-Versicherung versichert. Diese decken jegliche selbst verschuldete Sachschäden am eigenen und anderen Fahrzeugen ab, ebenso wie Personenschäden durch vom Fahrer verursachte Unfälle. Die meisten Vermieter sehen jedoch einen Selbstbehalt des Mieters vor – hat dieser einen Unfall oder verursacht er einen fahrlässigen Schaden. Der Selbstbeteiligungsschutz erlischt jedoch bei jeglicher Verletzung der Vertragspflicht.

Der Selbstbehalt bei Buchung des Standardpakets kann zwischen 750 und 1500 Dollar liegen. Wer sich gegen ein Versicherungspaket entscheidet, erhöht den Selbstbehalt in den meisten Fällen auf bis zu 7500 Dollar. Einige der Vermieter buchen die Kaution direkt von der Kreditkarte des Mieters ab und erstatten diese nach Rückgabe des Fahrzeugs, andere Anbieter übernehmen nur die Kreditkartendetails und belasten die Karte nur im Fall eines Schadens.

TIPP: Versicherung und Kreditkarte
Handelt es sich um einen Vermieter, der die Kreditkarte direkt mit der Kaution belastet, sollte man sich darüber im Klaren sein, dass dieses Geld für die Dauer der Reise nicht zur Verfügung steht. Dies kann einen nicht unbedeutenden Einfluss auf die Urlaubskasse habe. Nur die Wenigsten werden 7500 Dollar als Absicherung auf der Kreditkarte haben, aber bereits 1500 Dollar können ein Loch in die Urlaubskasse fressen. Hinzu kommt, dass die Vermieter keine Haftung für Wechselkursschwankungen übernehmen. Dies kann dazu führen, dass man Ende der Reise entweder denselben Euro-Betrag zurücküberwiesen bekommt oder vielleicht einen Gewinn oder im schlimmsten Fall einen nicht unbedeutenden Verlust durch die Wechselkursschwankungen macht.

Das Basis-/Standardpaket reduziert den Selbstbehalt in der Regel auf 750 bis 1500 Dollar pro Schadensfall. Je nach Vermieter wird im Mietvertrag die Höhe des jeweiligen Selbstbehalts nach Art des Schadensfalls gelistet. In einigen Fällen hat auch das Alter des Mieters (21 bis 24 Jahre oder älter) einen Einfluss auf die Höhe des Selbstbehalts.

Meistens beinhaltet das Basispaket keinen Schutz vor Schäden an der Windschutzscheibe, am Unterboden oder den Reifen. Gegen Zahlung eines höheren Tagessatzes kann man jedoch den Selbstbehalt ausschließen. Der Tagessatz liegt je nach Vermieter zwischen 25 und 50 Dollar. Oft wird jedoch ein Höchstsatz gelistet, der auch bei sehr langen Mieten nicht überschritten wird.

Die Selbstbehalt-Ausschluss-Versicherung (CDW = *collision deductible waiver*) vieler Vermieter inkludiert Schäden an der Windschutzscheibe, den Reifen oder am Unterboden, die im Basispaket nicht eingeschlossen sind. Gerade für Reisende im Norden, die *gravel roads* befahren, ist dies ein bedeutender Zusatzwert.

Weiterhin besteht auch die Möglichkeit sich in Europa durch Dritte versichern zu lassen. Hierbei ist jedoch wichtig zu beachten, dass, sollte es zu einem Schaden kommen, die Kosten zunächst vom Mieter getragen werden müssen, bevor zurück im Heimatland die Versicherung für den Schaden aufkommt. Gerade für Reisende, die mit einem kleinen Budget unterwegs sind, ist das ein nicht unbedeutender Risikofaktor vor Ort. In vielen Fällen bieten

regelmäßigen Abständen vor, dass Kunden das Fahrzeug mit dem falschen Treibstoff befüllen, weil man in der Heimat vielleicht anderen Treibstoff tankt. Die Kosten für die Reparatur sind nicht unbedeutend. Wer noch an der Tankstelle feststellt, dass er den falschen Treibstoff getankt hat, sollte umgehend den Vermieter kontaktieren und das Fahrzeug nicht starten! Sobald der falsche Treibstoff in die Leitungen des Fahrzeugs gelangt, erhöhen sich die Kosten für die Reparatur erheblich!

Wer sich entscheidet Straßen zu befahren, die vom Vermieter ausdrücklich als verboten gelistet sind, muss damit rechnen, im Fall einer Panne oder eines Unfalls auf sich allein gestellt zu sein. In vielen Fällen hängt dies mit der Tatsache zusammen, dass Abschleppwagen diese Straßen aufgrund der Zustände (zum Beispiel Schlaglöcher oder Breite der Straße) nicht befahren. Wer die Richtlinien missachtet, fährt auf eigene Gefahr!

Im Fall eines Schadens oder Unfalls ist der Mieter verpflichtet, den Vermieter innerhalb kürzester Zeit zu benachrichtigen. In den meisten Fällen sind dies 24 Stunden, um einen Versicherungsschutz zu garantieren. Ist eine dritte Partei involviert, ist der Mieter verpflichtet sofort die Polizei zu informieren.

Abschließend sind Schäden ebenfalls nicht versichert, die am Dach des Fahrzeugs entstehen, wenn sie durch die Missachtung der Höhenbegrenzung zustande kommen. Wichtig ist, dass man sich bei der Übernahme des Wohnmobils über die Höhe und Breite informiert. In den meisten Fällen finden sich Informationen über die Maße des Fahrzeugs in einem Handbuch an Bord oder beispielsweise hinter der Sonnenblende. Diese Information ist ebenfalls wichtig für diejenigen, die eine Fährfahrt in ihre Reiseplanung eingeschlossen haben.

Leitfragen für den Mietvertrag

Wie hoch ist die Selbstbeteiligung?
Sind Reifenschäden, Windschutzscheiben und Unterböden in meinem Versicherungspaket eingeschlossen?
Sind Schäden abgedeckt, die beim Rückwärtsfahren entstanden sind? Viele der größeren Fahrzeuge verfügen über eine Rückfahrkamera und Vermieter weisen Kunden darauf hin, sich gegenseitig beim Rückwärtsfahren zu helfen! Dementsprechend sind diese Schäden in den meisten Fällen vom Versicherungsschutz ausgeschlossen.
Gilt die Höhe der Selbstbeteiligung pro Schadenfall?

Selbstbeteiligung bei Reifenschäden?

Wie bereits zu Anfang des Kapitels erwähnt, empfiehlt es sich, sich Zeit für das Lesen der Mietbedingungen zu nehmen und Fragen bei der Übernahme zu stellen, um sicherzustellen, dass alles richtig verstanden wurde. Trotz allem sollte man sich von den Mietbedingungen nicht einschüchtern lassen. Das Kleingedruckte ist Bestandteil jeder Miete und wer sich entscheidet, die Richtlinien nicht anzuerkennen, der wird sein Fahrzeug nicht vom Hof fahren dürfen.

9. Kauf als Alternative zur Campermiete

Kathleen Lake, Yukon

9. Kauf als Alternative zur Campermiete

Wer sich heutzutage die Preise für die Miete von Wohnmobilen zur Hochsaison ansieht, dem wird ganz schnell klar, dass Camping schon lange nicht mehr zu den günstigen Urlauben gehört. Die Rate für Fahrzeuge kann von 150 bis 500 Dollar pro Nacht reichen und dies beinhaltet weder Sprit noch Lebensmittel. Wer mehr als drei Wochen unterwegs ist und den Kostenvoranschlag vorgelegt bekommt, mag sich dann gern fragen, ob es nicht sogar günstiger wäre, ein Fahrzeug für die Dauer der Reise zu kaufen. Im Folgenden soll dabei geholfen werden, die Wahl zwischen Mietfahrzeug und Kauf eines Gebraucht-Wohnmobils zu treffen.

9.1 Abwägung zwischen Miete und Kauf

Zunächst sollte jedem klar sein, dass man nicht mal schnell ein Wohnmobil kauft – gerade wenn man das erste Mal nach Kanada reist und weder mit dem Land noch mit den Gebräuchen oder gar Wohnmobilen im Allgemeinen vertraut ist. Auch wenn der Kauf und Wiederverkauf eines RVs vielleicht theoretisch günstiger sein mag, sollte man sich selbst die Frage stellen,

Ein Wohnmobil als Kunstprojekt zu Kanadas 150. Geburtstag

ob man die Zeit und Nerven im Urlaub hat, um sich mit dem Fahrzeugkauf, der Registrierung und dem technischen *check-up* des Wohnmobils zu befassen. Wie auch bei der Miete von Autos, kann man sich bei der Miete von Wohnmobilen sicher sein, dass diese instand gehalten und regelmäßig überprüft werden. Kommt es zu Schwierigkeiten während des Urlaubs, ist der Vermieter verpflichtet, dem Kunden zu helfen und ihn beispielsweise an die richtige Werkstatt zu verweisen.

Einen Kauf sollte man daher erst dann in Erwägung ziehen, wenn man plant, mehr als sechs oder acht Wochen in Kanada zu verbringen. Wer weniger Zeit hat, der sollte sich mit den Kosten der Miete und anderen Reisemöglichkeiten arrangieren und keine kostbare Zeit mit Behördengängen verschwenden. Wer zu den erfahrenen Campern in Nordamerika gehört und genügend Zeit mitbringt, der kann sich selbstverständlich mit den Regularien vertraut machen und vielleicht das perfekte Fahrzeug für die Reise erwerben.

Grundsätzlich muss man wissen, dass sich die Gesetze von Provinz zu Provinz und Territorium zu Territorium maßgeblich unterscheiden können. Wer den Kauf in Erwägung zieht, muss hier genau darauf achten, wo das Fahrzeug gekauft und registriert werden soll bzw. kann. Es ist legal, in Kanada als Tourist ein Fahrzeug zu erwerben, jedoch heißt dies nicht automatisch, dass man eine Versicherung für das neue Wohnmobil erhalten kann. Einige Provinzen erlauben es Besuchern bis zu drei Monate mit ihrem landeseigenen Führerscheinen zu fahren, andere erlauben dies bis hin zu zwölf Monate. In Ontario oder Alberta erhält man beispielsweise keine Versicherung, solange man keinen kanadischen Führerschein hat. Wer sich für den Kauf eines RVs entscheidet, muss sich darüber im Klaren sein, dass dies mit viel Recherche und Zeitaufwand verbunden ist.

Ideal für Reisende, die Zuhause ihr eigenes Wohnmobil fahren, ist die Verschiffung von Fahrzeugen. Es gibt einige Firmen, die sich auf die Verschiffung von Wohnmobilen spezialisiert haben. Dazu gehört beispielsweise SeaBridge. Die Firma hat ihren Sitz in Düsseldorf und hilft Reisenden, Fahrzeuge nach Nord- und Südamerika, Südafrika und Australien zu verfrachten. Dies kann sich als kostengünstige Alternative zum Kauf oder der Langzeitmiete erweisen. Einziger Haken: Reisende müssen das Fahrzeug meist an der Ostküste Kanadas übernehmen, auch wenn vielleicht die Westküste das eigentliche Ziel ist. Aber wer bei der Verschiffung Kosten sparen möchte, der sollte definitiv Halifax als Zielort anvisieren. Kanada-Reisende können bis zu sechs Monate im Land bleiben, sofern bei der Einreise keine zeitliche Begrenzung mit Stempel vorgegeben wurde. Derzeit können Fahrzeuge für zwölf Monate zollfrei eingeführt werden.

9.2 Der Autokauf Schritt für Schritt

Wer sich am Ende doch für den Kauf eines Wohnmobils oder Truck Campers entscheidet, muss dabei einige wichtige Dinge beachten. Zunächst sollte man sich Gedanken darüber machen, wie viel Zeit man im Land verbringt und welche Provinzen/Territorien besucht werden sollen. Halifax, Toronto, Calgary und Vancouver gehören tendenziell zu den populärsten Destinationen für den Beginn einer Reise. Wie einfach der Kauf, die Versicherung und der Verkauf werden, hängt in vielen Fällen von der Provinz ab, in der man sich befindet. Wie bereits im vorherigen Kapitel erwähnt, können die verschiedenen Regularien in jeder Provinz von Grund auf verschieden sein. Sobald entschieden wurde, wo die Reise beginnen soll, sollte man sich umgehend mit den bürokratischen Aspekten der Registrierung und Versicherung vertraut machen, um böse Überraschungen zu vermeiden.

Websiten ausgewählter Provinzen/Territorien, die bei der Registrierung helfen können (Stand Mai 2018)

Provinz/Territorium	Website
Alberta	www.alberta.ca/register-vehicle.aspx
British Columbia	www.icbc.com/vehicle-registration/buy-vehicle/Pages/Registering-a-vehicle-in-B-C-.aspx
New Brunswick	www2.gnb.ca/content/gnb/en/services/services_renderer.200814.Motor_Vehicle_Registration.html
Nova Scotia	novascotia.ca/sns/paal/rmv/paal271.asp
Ontario	www.ontario.ca/page/register-vehicle-permit-licence-plate-and-sticker
Québec	saaq.gouv.qc.ca/en/vehicle-registration/
Yukon	www.hpw.gov.yk.ca/mv/mvvehreg.html

Fahrzeugversicherung in Kanada

Je nach Provinz gibt es in Kanada Fahrzeugversicherungen, die von privaten Unternehmen angeboten und verkauft werden, sowie eine von der Regierung geführte, öffentliche Versicherung, die von allen Einwohnern der jeweiligen Provinz in Anspruch genommen werden muss.

In British Columbia, Saskatchewan, Manitoba und Québec ist die Regierung für die Versicherung von Fahrzeugen verantwortlich. In diesen Provinzen ist es verpflichtend sich über die staatliche Versicherung versichern zu lassen. Die Idee dahinter ist, dass den Versicherten in der jeweiligen Provinz durch das Monopol der staatlichen Versicherung ein günstiger Tarif angeboten werden kann, als es in einem privatisierten Versicherungssektor durch den Wettbewerb möglich wäre. Der Nachteil ist jedoch, dass die Qualität der Serviceleistung unter dem Monopol leidet, denn Kunden haben keine Möglichkeit zu einem anderen Versicherer zu wechseln.

Der Vorteil des privatisierten Versicherungssektors ist, dass die Qualität der Versicherung grundsätzlich höher ist, denn es besteht immer die Gefahr, den Kunden durch schlechte Dienstleistungen zu verlieren. Der Nachteil ist jedoch, dass der Preis für die monatliche/jährliche Versicherung in der Regel höher ausfällt.

Wer sich entscheidet sein Fahrzeug in British Columbia registrieren und versichern zu lassen, wird seinen RV bei ICBC (Insurance Corporation of British Columbia) versichern müssen. In Saskatchewan wendet man sich an die SGI (Saskatchewan Government Insurance) und in Manitoba wird das Fahrzeug durch die MPI (Manitoba Public Insurance) versichert. In Québec wendet man sich an die SAAQ (Societe l'assurance Automobile de Québec).

Websiten der öffentlichen, von der Regierung geführten Versicherungen

Provinz/Territorium	Website
British Columbia	www.icbc.com/autoplan/Pages/Default.aspx
Saskatchewan	www.sgi.sk.ca
Manitoba	www.mpi.mb.ca/en/Reg-and-Ins/Insurance/Pages/insurance.aspx
Québec	saaq.gouv.qc.ca/en/vehicle-registration
Nova Scotia	novascotia.ca/sns/paal/rmv/paal271.asp
Québec	saaq.gouv.qc.ca/en/vehicle-registration/
Yukon	www.hpw.gov.yk.ca/mv/mvvehreg.html

Die nächste Fragen, die beantwortet werden sollten, sind:
Wonach suche ich? Soll es ein Wohnmobil werden oder vielleicht doch ein Van, in den nur ein Bett eingebaut wurde? Vielleicht ja aber auch ein Truck, und den Camper findet man dann schon irgendwo separat? Damit direkt im Zusammenhang steht die Frage: Wo finde und kaufe ich mein Urlaubsmobil?

Wer während eines früheren Urlaubs in Kanada genauer hingeschaut hat, wird feststellen, dass viele Autos ziemlich alt sind und auch dementsprechend aussehen. In Kanada gibt es keinen TÜV mit Überprüfungen der Fahrzeuge, die von der Regierung vorgeschrieben werden. Daher muss bei der Suche nach dem richtigen Fahrzeug etwas genauer hingeschaut werden. Wer auf Nummer sicher gehen möchte, der kann sich an einen der örtlichen Wohnmobil-Händler wenden. Die meisten in Deutschland bekannten Wohnmobilvermieter aus Kanada verfügen ebenfalls über ein *sales department*, das Neufahrzeuge und gebrauchte RVs verkauft.

Wer es ganz auf eigene Faust versuchen möchte, der kann sich in Zeitungen und online informieren. Zu den gängigsten Verkaufsseiten in Kanada gehören „kijiji.ca“ und „craigslist“. Hier verkaufen sowohl Privatpersonen als auch kleinere Händler ihre gebrauchten Fahrzeuge.

Wer auf ein bestimmtes Fahrzeugmodell festgelegt ist, der kann Schwierigkeiten haben, das Richtige zu finden. Grundsätzlich ist der Markt für RVs in den Frühlingsmonaten und im Herbst größer als im Sommer, wenn alle Kanadier selbst mit ihren Fahrzeugen unterwegs sind. Dies sollte bei der Suche berücksichtigt werden.

Auf der Fähre nach Fort Simpson, NWT

Worauf sollte man beim Kauf eines Gebrauchtwagens achten?

Außen:

- Einmal um das Fahrzeug herumgehen und nach Schäden absuchen (zum Beispiel Kratzer, Rost, Beulen etc.)
- Auch unterhalb des Fahrzeugs schauen: Verliert das Fahrzeug Flüssigkeiten? Wenn ja, welche Farbe hat die Flüssigkeit? (schwarz/braun = Bremsflüssigkeit oder Öl, rot = Getriebeflüssigkeit, gelb/grün = Kühlflüssigkeit) Rost?
- Reifen: auf äußerliche Schäden prüfen, Profil genau anschauen, Luftdruck messen
- Alle Scheinwerfer, inklusive Warnblinker, einschalten und überprüfen. Bremslichter mithilfe des Mitreisenden oder Verkäufers überprüfen!
- Windschutzscheibe: Steinschläge? Risse?
- Unter die Motorhaube schauen und überprüfen, ob alles sauber ist und alle Flüssigkeiten ausreichend aufgefüllt sind. Rost an der Batterie oder anderen Stellen?

Innen:

- Springt der Motor umgehend und ohne Schwierigkeiten an?
- Gibt es auffällige Geräusche? Läuft das Fahrzeug „rund"?
- Leuchten irgendwelche Warnlichter auf?
- Tatsächlichen Kilometerstand mit Angabe des Verkäufers überprüfen!
- Funktioniert die Hand-/Fußbremse? (Fußbremsen sind in RVs als Feststellbremse viel gängiger als die in Europa typischen Handbremsen)
- Funktionieren alle Türen, Schlösser (im hinteren Bereich des Fahrzeugs)?
- Funktionieren alle Gurte?
- Lässt sich das Lenkrad problemlos betätigen? Zieht es beim Fahren in eine Richtung? Schaltet das Fahrzeug reibungslos?

Wohnbereich:

- Unbedingt auch den Wohnbereich im Detail begutachten! Augenmerk sollte hierbei auf das Badezimmer und die Küche gelegt werden! Gibt es Lecks/Risse in der Dichtung der Toilette oder Dusche, können unangenehme Gerüche entstehen. Diese lassen sich in den meisten Fällen nur durch das Ersetzen der Toilette bereinigen.
- Sind Rauchmelder und Propanmelder vorhanden?

Es gibt sicherlich noch viele weitere wichtige Aspekte bei der Begutachtung des potenziellen Urlaubsgefährten. Dieser Leitfaden soll bei der Begutachtung helfen. Wer auf Nummer sicher gehen möchte, der sollte das Fahrzeug in einer Werkstatt überprüfen lassen! Eine Testfahrt sollte jedoch zu jeder Fahrzeugbesichtigung dazugehören!

TIPP: Fragen an den Verkäufer

- Was wurde laut Papieren wann ausgetauscht/ersetzt?
- Ist das Fahrzeug jemals in einen Unfall verwickelt gewesen?
- Wie oft müssen Flüssigkeiten ausgetauscht werden?
- Falls ein Propantank vorhanden ist: Was sind die Sicherheitsbestimmungen?
- Wie hoch ist der Treibstoffverbrauch in der Regel?
- Kapazität des Grau- und Schwarzwassertanks?

Sobald das richtige Wohnmobil gefunden ist, muss das Fahrzeug an den neuen Besitzer überschrieben werden. Meistens hat der Verkäufer die Dokumente bereits vorbereitet und man erhält im Anschluss den Kaufvertrag, die *bill of sale*. Auf den Kaufprcis wird dann noch die Steuer berechnet.

Um den Kauf abzuwickeln, muss das Auto als nächstes registriert und versichert werden. Je nach Provinz kann dies mit einem Behördengang erledigt oder muss Schritt für Schritt abgewickelt werden. Es empfiehlt sich dies zusammen mit dem Verkäufer zu machen, insofern es sich um eine Privatperson handelt.

Je nach Alter des Fahrzeugs und Provinz muss vor der Registrierung noch eine Sicherheitsinspektion vorgenommen werden. In den meisten Fällen wurde diese bereits von dem Verkäufer erledigt, bevor das Fahrzeug zum Verkauf gestellt wurde. Beim Kauf eines Fahrzeugs muss ein Wohnsitz/Adresse in Kanada angegeben werden. Hier sollte man sich informieren, wie streng die Richtlinien sind. Grundsätzlich ist der Kauf eines Fahrzeugs in British Columbia um einiges einfacher als in Ontario oder Alberta, da hier ein kanadischer Führerschein vorausgesetzt wird. In einigen Fällen kann man sogar eine Vergünstigung der Versicherung erhalten, wenn man die Versicherungsinformationen von der eigenen Versicherung aus Europa vorlegen kann. Welche Versicherung sich am besten eignet, hängt von einigen Faktoren ab. Bei der Registrierung des Fahrzeugs kann man sich über die bekanntesten Versicherungen der Provinz informieren. Versicherungsmakler können dann mithilfe der vorliegenden persönlichen Informationen die beste Versicherung für das neue Traumgefährt auswählen.

Sobald das Auto registriert, versichert und verkehrstauglich ist, kann das Abenteuer losgehen! Noch vor Ende der Reise sollte man sich jedoch darüber Gedanken machen, wo das Fahrzeug nach der Reise verkauft werden soll, und rechtzeitig damit anfangen, den Verkauf zu bewerben. Man sollte genügend Zeit für den Verkauf des Fahrzeugs einplanen, um am Ende des

Traumurlaubs keine böse Überraschung zu erleben und das Fahrzeug auf dem Schrottplatz abgeben zu müssen, nur um es vor der Abreise loszuwerden. Auch für den Verkauf eignen sich „kijiji.ca“ und „craigslist“ hervorragend. Zusätzlich bieten einige Zeitungen kostenlose Inserate an und auch Facebook-Gruppen können sich als gute Verkaufsplattform eignen. Insbesondere für Work & Traveller ist die Suche von Fahrzeugen auf Facebook beliebt, und wer Glück hat, kann hier sein Fahrzeug schnell und ohne große Probleme loswerden. Grundsätzlich empfiehlt es sich das Fahrzeug regelmäßig in einer Werkstatt prüfen zu lassen, Ölwechsel vorzunehmen und alle Belege aufzubewahren. Wer sich gut um sein Fahrzeug kümmert, kann so ein gutes Geschäft machen und am Ende ohne große Verluste zurück nach Europa reisen.

Der Autokauf ist ein langwieriger Prozess und sollte wirklich nur von Reisenden in Erwägung gezogen werden, die planen, eine längere Zeit das Land zu bereisen und bei der Suche nicht unter Zeitdruck stehen. Für alle andere empfiehlt sich die Miete, denn wer möchte in seinem Urlaub schon gestresst und unflexibel sein, gerade wenn es um den Campingurlaub geht?

Beeindruckernder Blick zurück

Teil 3
Die Fahrt – Das Abenteuer ruft!

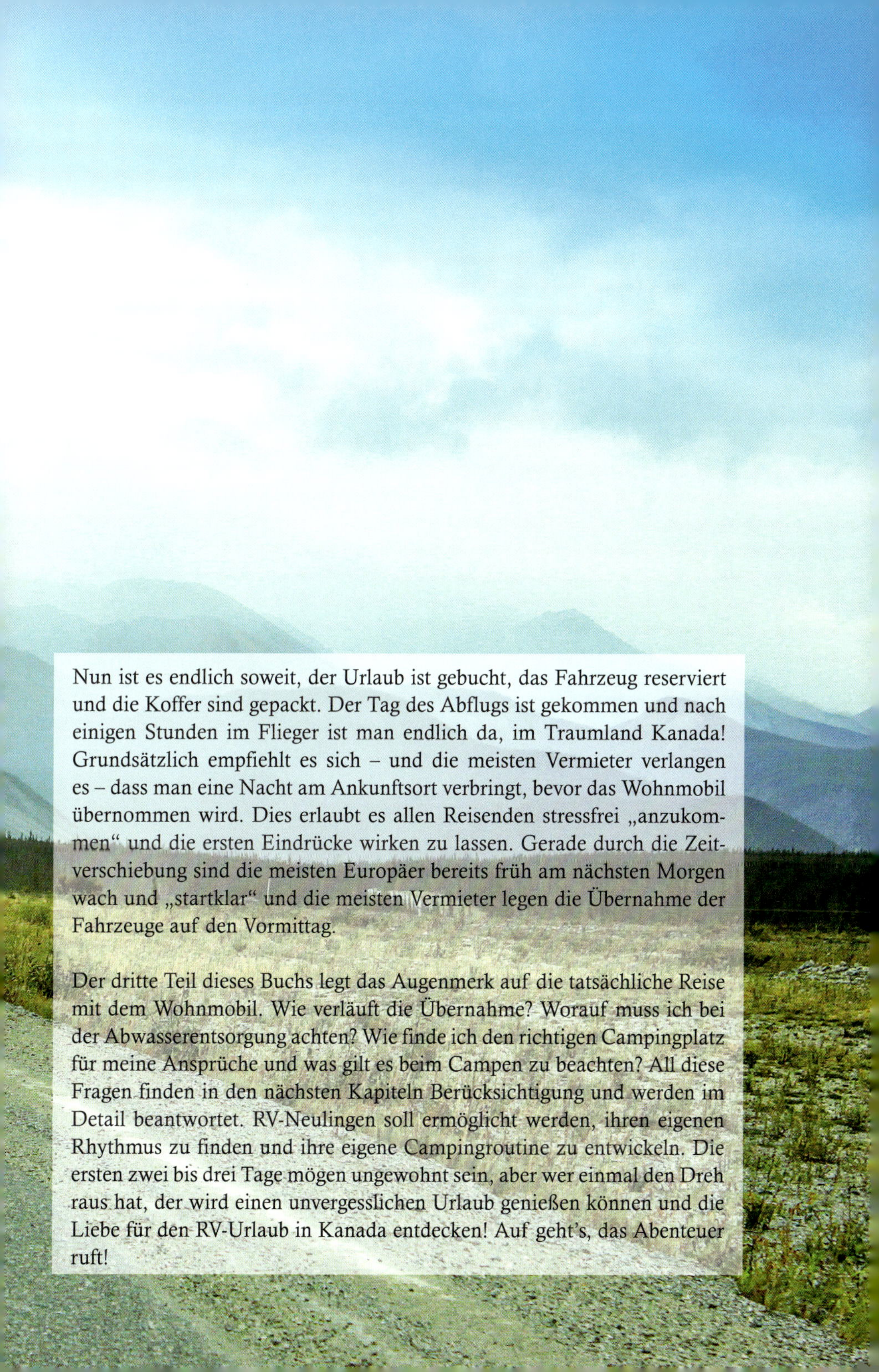

Nun ist es endlich soweit, der Urlaub ist gebucht, das Fahrzeug reserviert und die Koffer sind gepackt. Der Tag des Abflugs ist gekommen und nach einigen Stunden im Flieger ist man endlich da, im Traumland Kanada! Grundsätzlich empfiehlt es sich – und die meisten Vermieter verlangen es – dass man eine Nacht am Ankunftsort verbringt, bevor das Wohnmobil übernommen wird. Dies erlaubt es allen Reisenden stressfrei „anzukommen“ und die ersten Eindrücke wirken zu lassen. Gerade durch die Zeitverschiebung sind die meisten Europäer bereits früh am nächsten Morgen wach und „startklar“ und die meisten Vermieter legen die Übernahme der Fahrzeuge auf den Vormittag.

Der dritte Teil dieses Buchs legt das Augenmerk auf die tatsächliche Reise mit dem Wohnmobil. Wie verläuft die Übernahme? Worauf muss ich bei der Abwasserentsorgung achten? Wie finde ich den richtigen Campingplatz für meine Ansprüche und was gilt es beim Campen zu beachten? All diese Fragen finden in den nächsten Kapiteln Berücksichtigung und werden im Detail beantwortet. RV-Neulingen soll ermöglicht werden, ihren eigenen Rhythmus zu finden und ihre eigene Campingroutine zu entwickeln. Die ersten zwei bis drei Tage mögen ungewohnt sein, aber wer einmal den Dreh raus hat, der wird einen unvergesslichen Urlaub genießen können und die Liebe für den RV-Urlaub in Kanada entdecken! Auf geht's, das Abenteuer ruft!

10. Der Startschuss

Der Weg ist das Ziel

10. Der Startschuss

Endlich ist es soweit, der langersehnte Urlaub ist da und man hat es nach Kanada geschafft! Die Einreise ist in der Regel ganz problemlos und auch relativ schnell hinter sich gebracht, und nachdem das Gepäck eingesammelt wurde, kann es endlich auf zur gebuchten Unterkunft gehen. Viele Veranstalter in Europa buchen bereits eine sogenannte *pre- and post-night* im Hotel mit, da viele Vermieter verlangen, dass man eine Nacht im Land verbracht hat, bevor das Fahrzeug übernommen werden darf. In den meisten Fällen befinden sich die Mietstationen in der Nähe der großen Flughäfen, und eine Nacht in einem der Flughafenhotels ist bei einer späten Ankunft ideal. Wer während des Tages ankommt, der kann sich auch eine Nacht in einem Hotel im Stadtzentrum gönnen und hat so die Gelegenheit, bereits einmal die Innenstadt zu erkunden und vielleicht den ersten Tim Hortons-Kaffee zu schlürfen und einen Donut zu naschen.

Strandspaziergang am Jericho Beach mit Blick auf Vancouvers Skyline

10.1 Der Tag der Abholung

Die erste Nacht ist überstanden, und je nach Zielort ist man durch den Jetlag bereits um vier Uhr morgens hellwach und auf den Beinen. Nach einem ausgiebigen Frühstück und dem Auschecken aus dem Hotel ist es dann endlich soweit: der Shuttlebus des Vermieters steht vor der Tür.

Grundsätzlich empfiehlt es sich, sich nach der Ankunft in Kanada beim Vermieter zu melden und eine Uhrzeit für die Übernahme des Fahrzeugs am nächsten Tag zu vereinbaren. Gerade in den Sommermonaten gibt es Tage, an denen die größeren Vermieter in den großen Städten bis zu 80 Übernahmen oder sogar mehr haben. Die Vermieter versuchen die Übernahme für den individuellen Kunden durch eine bestätigte Abholzeit so reibungslos wie möglich zu gestalten. Man muss nicht in Panik geraten, wenn man nicht gleich morgens um 8:30 Uhr abgeholt wird. Der erste Tag der Reise sollte grundsätzlich für die Übernahme und

die ersten Einkäufe kalkuliert werden und man sollte nur eine kurze Tagesetappe planen, um nicht bereits am ersten Tag in Stress zu geraten.

Die meisten Vermieter bieten einen Shuttleservice zu und von der Mietstation an, jedoch ist dieser nicht immer kostenlos. Wer direkt beim Vermieter bucht, sollte sich hier informieren, und wer über einen Reiseveranstalter reserviert, sollte sich bei der Wahl des Vermieters erkundigen. Einige Vermieter bieten keinen Shuttleservice, dafür jedoch eine Kostenübernahme für ein Taxi an. Die meisten Stationen befinden sich zehn bis vierzig Minuten außerhalb des Stadtzentrums oder vom Flughafen entfernt. Je nach Tageszeit und Wochentag kann die Fahrt jedoch mal schneller oder langsamer ausfallen. Sobald alle Siebensachen gepackt sind und der Shuttlebus einen eingesammelt hat, geht es auf zum Vermieter!

10.2 Die Übernahme des Campers

Die Übernahme verläuft grundsätzlich immer gleich: Erst wird der Mietvertrag durchgesprochen und unterzeichnet, bevor es eine Einführung in das Fahrzeug gibt. In manchen Fällen oder an besonders geschäftigen Tagen kann es auch mal vorkommen, dass einem erst das Wohnmobil gezeigt und dann der Papierkram erledigt wird.

Bei der Vertragsunterzeichnung wird der Vermieter eine Kopie des Führerscheins aller eingetragenen Fahrer machen und dem Kundenprofil beilegen. Außerdem

Fahrerkabine

wird über die gebuchten Leistungen, die Mietbedingungen und mögliche Zusatzleistungen wie Zusatzkilometer, Kindersitze oder beispielsweise Navigationsgeräte gesprochen. Je nach Vermieter wird an dieser Stelle auch die Kaution für die Versicherung von der Kreditkarte abgehoben (siehe Kapitel 8.2). Der Kunde erhält eine Kopie des Vertrags und der Mietbedingungen für die eigenen Unterlagen. Diese sind besonders wichtig, wenn geplant ist, in die USA zu reisen. Die Grenzbeamte fragen hier häufig nach den Unterlagen, die den Fahrer des Fahrzeugs zur Überfahrt berechtigen.

Je nach Vermieter findet die Übernahme in englischer oder deutscher Sprache statt. Wem ein Service in deutscher Sprache wichtig ist, der kann sich direkt beim Vermieter oder Veranstalter über die verfügbaren Sprachen erkundigen. Einige der Vermieter durchlaufen eine *one-on-one*-Übernahme mit dem Kunden, das heißt ein Mitarbeiter des Vermieters gibt einem eine private Einführung in das Fahrzeug. Andere Vermieter spielen dem Kunden ein Video vor, in dem ein Fahrzeug von einem der Mitarbeiter erklärt wird.

Grundsätzlich werden bei der Übernahme die folgenden Abschnitte des Fahrzeugs erklärt:

- Außenbereich, inklusive Außenfächer, Anschlüsse, Propan etc.
- Fahrerkabine, inklusive Gangschaltung, Radio, Rückfahrkamera (wenn vorhanden) etc.
- Wohnbereich, inklusive Nutzung des Propanherds und Ofens, Nutzung der Toilette etc.

Zum Außenbereich des Fahrzeugs gehören die Außenfächer, in denen beispielsweise Campingstühle, Feuerholz und Gepäck verstaut werden können, der Zugang zum Propantank (mit Hinweis auf die richtige Nutzung) und das Erklären des Abwassersystems. Je nach Fahrzeugmodell gibt es dann noch fahrzeugspezifische Informationen, die vom Vermieter hervorgehoben werden (beispielsweise der Generator und wie er zu nutzen ist).

Auch die Fahrerkabine sollte erklärt werden. Gerade für diejenigen, die weder mit RVs noch mit größeren Fahrzeugen vertraut sind, ist dies wichtig. Grundsätzlich unterscheiden sich die Fahrzeuge nicht allzu sehr von anderen Autos, jedoch gibt es einige Details, die angesprochen werden sollten. Dazu gehört, wenn vorhanden, die Rückfahrkamera, der nicht vorhandene Rückspiegel, die automatische Gangschaltung und die *two/haul*-Funktion (siehe Kapitel 6.1) sowie der Treibstoff des jeweiligen Fahrzeugs, der getankt werden soll. Auch die Handbremse/Feststellbremse ist in Nordamerika meist an anderer Stelle zu finden und als *emergency brake* (Notfallbremse) oder *parking break* (Parkbremse) bekannt. Sie befindet sich im Fußraum, ganz links. Für all diejenigen, die bisher noch keine Erfahrung mit

Automatikschaltung haben, können die ersten Kilometer der Reise etwas ungewohnt sein, wenn der linke Fuß keine Funktion hat. Hier ist es wichtig, dass man unter gar keinen Umständen den linken Fuß zum Bremsen nutzt, sondern auf der dafür vorgesehenen Abseite ruhen lässt.

Die Einführung in den Wohnbereich nimmt für gewöhnlich die meiste Zeit in Anspruch. Je nach Anzahl der Reisenden, wird auf die verschiedenen Schlafmöglichkeiten hingewiesen und erklärt, wie die Betten auf- und abzubauen sind (insbesondere die Essecke/*dinette*). Sicherheitsvorrichtungen wie Feuerlöscher, Rauch- und Propanmelder werden aufgezeigt und die Nutzung des Ofens und Herds erklärt. In einigen Fällen werden Ofen und Herd gestartet, um sicherzustellen, dass der Propantank auch geöffnet ist und die Leitungen funktionieren. In den meisten Fällen wird auch kurz darauf hingewiesen, wo sich die Küchenausstattung, Bettzeug und andere Ausstattungsbestandteile finden lassen.

Meist findet man sich innerhalb der ersten zwei Tage mühelos im Fahrzeug zurecht, nachdem alle Schränke einmal geöffnet wurden und der erste Einkauf verstaut wurde. Der Kühlschrank wird in vielen Fällen bereits vom Vermieter am Morgen gestartet, damit zum Zeitpunkt des ersten Einkaufs alles gekühlt werden kann. Der Vermieter wird außerdem auf den Boiler und die Wasserpumpe hinweisen, die bei der Fahrt immer ausgeschaltet sein sollten!

Die meisten Fahrzeuge verfügen zudem über eine Anzeige, die den Stand des Frischwassertanks sowie des Grau- und Schwarzwassertanks anzeigt, ebenso wie den Stand der Batterie. Man sollte sich jedoch nicht allzu sehr auf den Stand des Grau- und Schwarzwassertanks verlassen, da es gerne mal vorkommt, dass sich Reste vor den Sensoren festsetzen und erst beim nächsten Entleeren abgespült werden. Neigt sich der Frischwassertank dem Ende zu, ist es stets eine gute Idee, die Abwassertanks zu leeren. Abschließend sollte auch die richtige Handhabung der Toilette von dem Mitarbeiter des Vermieters erklärt werden. Für die Chemie-Toiletten der RVs ist es wichtig, dass man nur dünnlagiges Toilettenpapier benutzt und die Chemikalien, die beim Zersetzten der Bestandteile helfen, korrekt einsetzt.

Grundsätzlich sollte man für die Übernahme des Fahrzeugs ein bis zwei Stunden einkalkulieren. Sobald der Vertrag abgeschlossen und die Übernahme beendet ist, kann die Reise beginnen. Taschen und Koffer sollten sachgemäß verstaut werden, damit nicht gleich bei der ersten Fahrt ungesicherte Gegenstände durch das Fahrzeug fliegen, und man sollte sicherstellen, dass alle Schränke richtig geschlossen wurden und alle Außenfächer abgeschlossen sind. Sofern alle Fragen vom Vermieter beantwortet wurden und ein letzter prüfender Gang um das Fahrzeug erfolgt ist, steht dem Beginn der Reise nichts mehr im Wege!

10.3 Die ersten Kilometer

Jetzt geht es endlich richtig los! Der Sitz und die Spiegel sind eingestellt, die ersten hundert Meter vom Hof des Vermieters liegen hinter einem und der Urlaub kann nun so richtig beginnen. Die ersten Kilometer sind zunächst noch ungewohnt und man muss sich an die Größe des Wohnmobils und die Straßenverhältnisse gewöhnen, aber schon bald cruist man ganz lässig auf Kanadas Straßen. Ein Vorteil der meisten Stationen ist, dass sie nicht im direkten Zentrum der Städte liegen und man sich nicht gleich zu Beginn der Reise durch den dichten Verkehr fädeln muss.

TIPP: Campereinweisung
www.youtube.com/watch?v=s28XC7dkmBE
Das Video gibt einen beispielhaften Einblick in die Einführung eines Truck Campers von Fraserway RV in Whitehorse im Frühjahr 2016.
(Copyright: Sktouristik)

Vorsicht gilt jedoch zu Beginn der Reise an Ampeln! In Kanada befinden sich die Ampeln auf der gegenüberliegenden Seite der Kreuzung. Bitte nicht aus Routine ganz an die Ampel heranfahren, dann landet man nämlich ganz schnell mitten auf der Kreuzung. Dies mag zu Beginn etwas mehr Aufmerksamkeit erfordern, hat man sich jedoch erst einmal daran gewöhnt, fragt man sich, warum dies nicht auch in Europa gang und gäbe ist.

So viel Platz auf Kanadas Highways

Die Straßen Kanadas sind wesentlich breiter als man es aus Europa gewohnt ist, und sobald man es erst einmal auf den nächst größeren Highway geschafft hat, kann man durchatmen und sich etwas entspannen. Das Tempolimit auf den Landstraßen beträgt in der Regel 90 km/h. Das mag vielleicht langsam klingen, zumal man aus Europa 100 km/h gewohnt ist, jedoch sollte man eine Geschwindigkeit von 90 km/h mit einem derartig großen Gefährt nicht unterschätzen. Wohnmobile sind nicht gerade windschnittig und anfällig für Seitenwinde. Bitte stets das Lenkrad mit beiden Händen festhalten und nicht nur auf Seitenwinde vorbereitet sein, wenn dementsprechende Schilder am Straßenrand auftauchen.

Von den meisten Vermietern erhält man zu Beginn der Reise einige hilfreiche Informationen über die am nächsten gelegene Tankstelle, Supermarktkette und Campingplätze in der näheren Umgebung. Auch wenn man vielleicht am ersten Tag direkt dem Rummel der Stadt entfliehen möchte, sollte man diese Hinweise für den Tag der Rückgabe im Hinterkopf behalten. Einige der Vermieter stellen Reisenden sogar eine ganze Mappe mit hilfreichen Informationen über Sehenswürdigkeiten in der Provinz zur Verfügung!

Nachdem man sich an den neuen Reisegefährten, das Wohnmobil, gewöhnt und ein Gefühl für das Gefährt entwickelt hat, wird als nächstes ein Supermarkt und vielleicht auch der nächstbeste Walmart oder Canadian Tire angesteuert, um sich für die kommende Reise auszustatten und den Einkauf für die ersten Tage der Reise zu erledigen. In den meisten Fällen finden sich in den Randgebieten der Städte größere Industriegebiete, in denen alle größeren Supermärkte und Ketten angesiedelt sind. Die Parkplätze sind groß, ebenso wie die Parklücken, die es Camping-Neulingen ermöglichen, problemlos einzuparken!

10.4 Der erste Einkauf

Kanada ist preislich mit Europa zu vergleichen, jedoch gibt es einige Lebensmittel, die wesentlich teurer sind. Dazu gehören unter anderem Milch, Eier, Fleisch und andere landwirtschaftlich erzeugte Lebensmittel. Auch Alkohol ist in Kanada um einiges teurer als in Deutschland. Trotzdem hat sich das Land gerade in den letzten Jahren, aufgrund des schwachen Kanadischen Dollars, als günstiges Reiseziel für Europäer erwiesen.

Grundsätzlich sind die Preise in den abgelegeneren Regionen und touristischen Zentren um einiges höher als in den großen Städten. Je nach Provinz oder Territorium werden auf die ausgeschrieben Preise noch Steuern in Höhe von 5 bis 15 Prozent berechnet (siehe Kapitel 3.1). Man darf sich also nicht erschrecken, wenn der eigens berechnete Preis an der Kasse plötzlich um einiges höher ausfällt. Das ist der kanadischen Mehrwertsteuer und den Steuern der jeweiligen Provinz zuzuschreiben.

Zu den großen kanadischen Supermarktketten gehören unter anderem Save-On-Foods, IGA, CO-OP, No Frills, Real Canadian Superstore, Your Independent Grocer und Safeway. Die bekanntesten Drogerieketten des Landes sind London

Drugs und Shoppers Drug Mart. Hier bekommt man alles – von Zahnbürsten, Duschgel, Sonnencreme und Batterien bis hin zu Milch und Chips. Die Lebensmittel in den Drogeriemärkten sind jedoch in der Regel etwas teurer.

Besonders beliebt und in Kanada weit verbreitet ist Walmart. Die Kette aus den USA ist insbesondere dadurch bekannt, dass Camper umsonst auf den Parkplätzen übernachten können. Jedoch hat sich dies in den letzten Jahren etwas gewandelt und mittlerweile findet man ab und zu Walmart-Filialen, wo das Übernachten nicht mehr gestattet ist. Wer noch nie bei Walmart war, der findet hier eine Auswahl an Lebensmitteln, Haushaltsutensilien sowie Kleidung und eine Elektronikabteilung.

Der erste Einkauf steht bevor

Des Weiteren wird man mit Sicherheit auch an dem einen oder anderen Canadian Tire während seiner Reise vorbeikommen. Hierbei handelt es sich um ein Einzelhandelsunternehmen, das mit europäischen Baumärkten vergleichbar ist. Wer für seinen Campingurlaub einkauft, sollte hier unbedingt einmal vorbeischauen. Hier findet man nicht nur alles rund ums Haus, sondern auch jegliche Ausstattung für das Wohnmobil. Von Alufolie über Grillzangen bis zu Mückenschutzmittel und Campingstühlen, Canadian Tire ist eine beliebte Anlaufstelle sowohl für Kanadier als auch Besucher.

Genügend Auswahl …

Anders als in den meisten europäischen Ländern, sind die Supermärkte in Nordamerika sieben Tage die Woche und auch an Feiertagen geöffnet und dann sogar in einem Großteil der Fälle bis abends um

liqour store in Dawson City

22 Uhr. Einzige Ausnahme sind der 25. Dezember (Christmas Day), 1. Januar (New Year's Day), Karfreitag und 1. Juli (Canada Day).

Banken sind, ähnlich wie in Europa, nur während der Woche geöffnet. Einige Filialen öffnen jedoch mittlerweile auch für wenige Stunden an Samstagen. Viele der Automaten (ATM für *automated teller machine*) nehmen auch europäische Kreditkarten. Hier sollte man jedoch schauen, wie hoch die Gebühren für das Abheben von Geld ausfallen.

Im Gegensatz zu Deutschland kann Alkohol nicht in regulären Supermärkten gekauft werden. Wer sich gern eine Flasche Wein oder eine Kiste Bier auf seine Reise mitnehmen möchte, der muss vor Ort den nächsten *liquor store* ansteuern. Diese befinden sich meist in der Nähe zu den großen Einkaufsparks.

Auch Zigaretten bekommt man nicht im Supermarkt. Rauchen ist seit 2010 grundsätzlich in allen in öffentlichen Räumen (inklusive Bars, Restaurants und Casino), ebenso wie am Arbeitsplatz, verboten. Wer auf offener Straße raucht, muss in vielen Fällen mindestens einen Abstand von zwei bis drei Meter zu Gebäuden halten. Zigaretten erhält man meist im *liquor store* oder in Kiosken.

Im Anhang dieses Buchs finden sich beispielhafte Einkaufslisten für den ersten Einkauf vor Ort.

Beispiele für landesweite Durchschnittspreise (exklusive Steuern)

	CAD
1 Essen in einem günstigen Restaurant	zwischen 12 und 20
1 Liter Milch	2,15
1 Laib Weißbrot (500 Gramm)	2,78
Käse der Region (1 Kilogramm)	11,71
1 Kilogramm Äpfel	3,82
1,5-Liter Wasser (in der Flasche)	2,22
1 Flasche Wein (mittlere Preisklasse)	15
1 Flasche domestic Bier (0,5 Liter)	2,63

Quelle: numbeo.com, Stand: 03/2018

11. Entlang der Strecke

Bisonkalb auf dem Liard Highway, NWT

11. Entlang der Strecke

Mittlerweile hat man die ersten Tage der Reise hinter sich und der Rhythmus ist gefunden. Die Uhr schlägt nun etwas langsamer und jeden Tag gewöhnt man sich mehr an den *canadian way of life* und das entspannte Campingleben. Das Wohnmobil ist zum neuen Eigenheim geworden und man ist geübt im Rückwärtseinparken. Die ersten Kilometer liegen hinter einem und nun kann man sich ganz auf die Reise und das, was vor einem liegt, konzentrieren.

11.1 Sehenswürdigkeiten unterwegs

Die beliebtesten Sehenswürdigkeiten sind in der Regel hervorragend ausgeschildert und nur schwer zu verpassen. Zu Beginn der Reise empfiehlt sich ein Besuch des örtlichen *visitor information centre* (Besucherzentrums), um sich mit Informationen über die Sehenswürdigkeiten entlang der Strecke zu versorgen. Parkbuchten, Campingplätze, Museen und andere *points of interest* werden in der Regel zwei Kilometer vor dem Erreichen durch Schilder angekündigt. Gerade in den touristischen Gebieten und entlang der Highways finden sich große Schilder, die die beliebtesten Ausflugsziele ankündigen. Für diejenigen, die eine flexible Tagesplanung bevorzugen, ist es ideal, wenn man sich mit Straßenkarten versorgt, die die wichtigsten Sehenswürdigkeiten entlang der Strecke hervorheben. Diese sind in den meisten Besucherzentren kostenlos erhältlich und beinhalten nützliche Informationen über Campingplätze, Restaurants und Sehenswürdigkeiten entlang der Strecke.

Für Reisende im Westen und Norden des Landes, die eventuell sogar einen Abstecher nach Alaska planen, empfiehlt sich *The Milepost*. Hierbei handelt es sich geradezu um ein Handbuch, das die wichtigsten Straßen im Nordwesten des Landes bis ins kleinste Detail mit Kilometerangaben beschreibt. Erhältlich ist das Magazin, das mittlerweile über 700 Seiten umfasst, in den meisten größeren Buchläden. Preislich liegt *The Milepost* bei etwa 30 bis 40 Dollar.

Wer in außerhalb der Hochsaison reist und vielleicht vor dem *May Long Weekend* oder nach dem *Labour Day Weekend* unterwegs ist, der sollte sich über geänderte Öffnungszeiten der Sehenswürdigkeiten informieren. Auch einige Campingplätze werden nur während der offiziellen Campingsaison zwischen Ende Mai und Anfang September betrieben.

Gerade in den beliebten Zielgebieten wie beispielsweise dem Icefields Parkway oder den Niagara Falls, muss man darauf vorbereitet sein, dass sich dort viele Besucher tummeln und es nicht immer einfach ist, einen Parkplatz zu finden. Man sollte in Erwägung ziehen, außerhalb der täglichen Stoßzeiten vorbeizuschauen.

11.2 Information und Navigation

Viele Vermieter bieten Navigationsgeräte zur Miete an. Heutzutage gibt es jedoch auch bereits die verschiedensten Apps, die man sich vor Antritt der Reise im Heimatland herunterladen und während eines Urlaubs problemlos nutzen kann.

Im Allgemeinen ist es nicht schwer sich in Nordamerika und gerade in Kanada zurechtzufinden. Distanzen und Geschwindigkeiten werden mithilfe von Kilometerangaben angegeben und Informationstafeln sind meist einige Kilometer vor der Sehenswürdigkeit oder dem Zielort angebracht (siehe Kapitel 11.1).

Straßenbeschilderung im Yukon

Alle Straßen Kanadas sind nummeriert. Die meisten sind zudem unter einem Namen bekanntwie zum Beispiel der *Trans-Canada Highway*, der die Nummer 1 trägt. Wer während seiner Reise größere Städte besucht oder passiert, dem ist dazu geraten sich anhand der Nummern der Highways durch das Stadtzentrum zu navigieren.

Geht es auf der geplanten Reise weiter in den Norden des Landes, sollte man darauf vorbereitet sein, dass Navigationsgeräte nicht genügend Signale erhalten, um eine akkurate Auskunft über das Straßennetz zu geben. Insbesondere im Norden der Provinzen sowie in den Northwest Territories oder im Yukon sind Navis jedoch nicht wirklich notwendig, geschweige denn hilfreich.

Trans-Canada Highway

Durch das enorme Ausmaß des Landes ist es in Kanada gängig, Standorte mithilfe von Kilometerangaben auszuschreiben. Gerade in den ländlichen oder nördlichen Regionen des Landes liegen gerne mal einige hunderte Kilometer zwischen zwei Siedlungen. Hier finden sich am Straßenrand in regelmäßigen Abständen Schilder mit Kilometerangaben. Dies ist beispielsweise besonders hilfreich, wenn man eine Panne hat und dem Abschleppwagen versucht mitzuteilen, wo genau man sich denn auf dem Alaska Highway befindet.

Wer eine App mit Straßenkarten in der Heimat heruntergeladen hat, muss damit rechnen, dass aktuelle Verkehrssituationen vor Ort aufgrund einer nicht bestehenden Internetverbindung keine Berücksichtigung finden können. Gerade in den Ballungsgebieten der Städte empfiehlt es sich das Radio anzuschalten, um sich über die aktuelle Verkehrslage zu informieren.

11.3 Pausen

Nicht nur für Kinder sind Pausen bei der Reise mit dem Wohnmobil wichtig. Auch wer ohne Kinder reist, sollte in regelmäßigen Abständen eine Pause einlegen, um Müdigkeit oder im schlimmsten Fall Sekundenschlaf vorzubeugen. Grundsätzlich sind Tagesetappen mit Distanzen von 200 Kilometern ein guter Richtwert für eine Reise mit dem Wohnmobil. Natürlich gehören jedoch auch kürzere oder längere Tage dazu und da ist es jedem Reisenden ganz sich selbst überlassen, wie lang diese ausfallen. Wer eine längere Etappe vor sich hat, der sollte beispielsweise am nächsten Tag einen umso kürzeren Abschnitt planen oder vielleicht einen Ruhetag einlegen.

Rest areas (Rastplätze) sind in Kanada in regelmäßigen Abständen entlang jedes Highways zu finden (mehr dazu in Kapitel 12.2). Sie eigenen sich als idealer Stopp während einer langen Tagesetappe. Wenn man über seine Reiseplanung nachdenkt, dann setzt sich jede Tagesetappe in der Regel aus mehreren Sehenswürdigkeiten, die besichtigt, oder Aktivitäten, die unternommen werden sollen, zusammen. Diese kann man ideal als Unterbrechung zum Fahren in den Tag integrieren. Ob ein Mittagessen entlang der Strecke oder die Entdeckungstour eines kleinen Fischerdorfs, Hauptsache man vertritt sich zwischendurch die Beine und schnappt frische Luft! Nur die wenigstens Reisenden empfinden einen *road trip* ohne Unterbrechungen als entspannend.

11.4 Tanken

In Kanada ist an den Tankstellen *regular, mid-grade* und *premium gas* erhältlich. *Gas* steht für *gasoline* und heißt Benzin. Viele Reisende halten *gas* jedoch fälschlicherweise für Gas, also Propan. Propan heißt im Englischen jedoch einfach nur *propane*, was man sich ganz einfach merken kann. Neben Benzin führen die meisten Tankstellen auch Diesel, der in Englisch ebenfalls *diesel* heißt.

Die Preise für Treibstoff (*fuel*) sind in Kanada etwas günstiger als in Europa, jedoch sollte man sich dadurch nicht täuschen lassen, denn der Verbrauch der RVs ist um einiges höher als der des kleinen Kombis in der Heimat.

Tankstelle im Yukon

Die meisten Mietfahrzeuge tanken ganz einfach *regular gas.* Nur in wenigen Fällen, meistens bei Truck Campern, gibt es Fahrzeuge, die Diesel tanken. Die Vermieter bringen häufig kleine Schilder auf der Tankklappe oder dem Tankdeckel an, um Reisende daran zu erinnern, den richtigen Treibstoff zu tanken. In Kapitel 8.3 wurde bereits kurz darauf eingegangen, dass es folgenschwere Konsequenzen für den Mieter haben kann, wenn der falsche Treibstoff getankt wird. Die meisten Vermieter sichern sich gegen Schäden, die durch das falsche Betanken des Fahrzeugs entstehen können, mit einer Klausel im Mietvertrag ab.

Durchschnittliche Treibstoffpreise für einen Liter *regular*

Provinz/Territorium	CAD
Alberta	1,20
British Columbia	1,41
Nova Scotia	1,18
Ontario	1,24
Québec	1,27

Quelle: gasbuddy.com Stand: 05/2018

Die beliebtesten Fahrzeuge haben in der Regel ein Fassungsvermögen von 90 (Van Conversion) bis 140 Litern (mittelgroßes Alkoven-Wohnmobil). Wer sich für ein Class A-Bus entscheidet, der kann bis zu 300 Liter Treibstoff tanken.

Der Verbrauch der Fahrzeuge liegt im Durchschnitt, je nach Größe des Wohnmobils, bei 15 bis 30 Litern pro 100 Kilometern. Die kleinen Van Conversions punkten hier durch einen wesentlich geringeren Treibstoffverbrauch auf 100 Kilometern.

Je nach Länge der Reise, wird auch der Propantank ein- oder zweimal aufgefüllt werden müssen. Viele der größeren Tankstellen bieten auch das Befüllen von Gasttanks an. Der Preis für einen Liter Propan liegt derzeit bei etwa 0,80 bis 0,90 Dollar (Stand 03/2018). In den Class C- und Class A-RVs sind die Propantanks in der Regel fest installiert und werden von einem Mitarbeiter der Tankstelle befüllt. Die Camper der Pick-up-Trucks und kleinen Van Conversions verfügen meist über ein bis zwei kleinere Propanflaschen, die zum Befüllen entfernt werden. Hierbei ist wichtig, dass diese immer nur befüllt und nicht vom Personal der Tankstelle ausgetauscht werden (es sei denn, der Tank ist beschädigt, dann sollte jedoch zunächst der Vermieter kontaktiert werden). Nach dem Befüllen der kleineren Propantanks lässt man am besten den Mitarbeiter der Tankstelle diese wieder an das System anschließen. Beachtet werden sollte, dass durch das Entfernen der Tanks die Propanzufuhr zum Kühlschrank unterbrochen wurde, was zum Aufleuchten des Fehlermelders führen kann. Hier empfiehlt es sich den Kühlschrank einmal aus- und wieder anzuschalten.

11.5 Abwasserentsorgung

Die Abwasserentsorgung bereitet Camping-Neulingen oft Bauchschmerzen. Aber keine Sorge, das *dumpen*, wie es von Kanadiern genannt wird, ist heutzutage ganz einfach, und mit den richtigen Tipps und Tricks muss man sich auch keine Sorgen um schmutzige Hände und übelriechende Kleidung machen!

RVs verfügen über ein Grauwasser- und ein Schwarzwassersystem. Der *grey water tank* fängt jegliches Wasser aus der Dusche und den Wasserhähnen in Küche und Badezimmer auf. Der *black water tank* ist nur für das Toilettenabwasser da. Während man früher mit einem Container über den Campingplatz laufen musste, um das Abwasser zu entsorgen, fährt man heute ganz unkompliziert an die nächste *dumping station* oder *sani-dump station* und entleert seine Tanks, durch einen Abwasserschlauch verbunden, direkt in einen unterirdischen Abwassertank.

Alle Fahrzeuge sind mit einem Abwasserschlauch ausgestattet, der durch einen einfachen Drehverschluss direkt an das Abwassersystem des Fahrzeugs angeschlossen wird. Man sollte immer erst den Abwasserschlauch am Abwassersystem befestigen, bevor man ihn in den Ablauf hängt. Es ist schön öfter vorgekommen, dass Camper den Schlauch zuerst in den Ablauf hängen und dann loslassen und dieser dann ganz schnell in den Tiefen des Abwassersystems des Campingplatzes verschwindet!

Nachdem der Schlauch befestigt und das offene Ende in den Ablauf gehangen wurde, öffnet man zunächst den Schwarzwassertank. Viele Vermieter inkludieren in ihrem Ausstattungspaket Gummihandschuhe. Diese sind nicht zum Putzen gedacht, sondern für das *dumpen* vorgesehen. Nachdem das Schwarzwasser abgelaufen ist, öffnet man den Grauwassertank. Die Idee dahinter: Das „weniger schmutzige"' Grauwasser spült die letzten Reste des Schwarzwasser durch den Schlauch. Abschließend kann man, bei geöffneten Tanks, noch ein bis zwei Eimer Frischwasser durch das System spülen, um auch die letzten Reste zu lösen. Ist alles abgetropft, schließt man zunächst beide Abwassertanks wieder, bevor man den Schlauch vom Abwassersystem trennt. Die meisten *dumping stations* haben direkt neben dem Zugang zum Abwassersystem auch noch einen Wasserhahn. Dieser kann zum Durchspülen des Abwasserschlauchs genutzt werden. Im Interesse aller Camper sollte dieser den Abwasserschlauch nicht berühren! Grundsätzlich befindet sich der Frischwasserschlauch ebenfalls in der Nähe der *dumping station* und trägt die Bezeichnung *fresh water*. Dies ist der Wasserhahn, den man zum Befüllen seines Frischwassertanks benutzt!

Abwasserentsorgung ganz leicht gemacht

Bevor die Toilette das erste Mal nach dem *dumpen* genutzt wird, muss sie zunächst mithilfe der dafür vorgesehenen Chemikalien präpariert werden. Die Vermieter bieten diese entweder im Ausstattungspaket des Wohnmobils an, oder sie können bei der Übernahme käuflich erworben werden. In der Regel handelt es sich um kleine, in Wasser lösliche Päckchen, die mit einem blauen oder türkisfarbenen Pulver gefüllt sind. Zunächst sammelt man etwas Wasser in der Toilettenschüssel und wirft eines dieser Päckchen in das Wasser. Nachdem es sich aufgelöst hat und keine Partikel mehr zu erkennen sind, spült man das mit den Chemikalien versetzte Wasser in den Tank. Dieses Wasser bildet die Basis bis zum nächsten *dumpen*. Die Chemikalien sorgen dafür, dass alle Partikel richtig zersetzt werden, verbreiten gleichzeitig einen angenehmen Duft und beugen schlechten Gerüchen vor. Je nachdem wie oft man die Toilette an Bord benutzt oder im Fahrzeug duscht, müssen die Abwassertanks etwa alle drei bis fünf Tage entleert werden.

11.6 Mautstraßen und -brücken

In Kanada gibt es nur einige wenige Mautstraßen und Mautbrücken. Die meisten befinden sich im Osten des Landes und in den maritimen Provinzen. Die wohl bekannteste Mautbrücke ist die Confederation Bridge, die Prince Edward

Island mit New Brunswick verbindet. Die Brücke ist 12,9 Kilometer lang und gilt als ein Meisterwerk der Ingenieurskunst. Die Gebühr für das Überqueren der Brücke liegt bei 47 Dollar für ein Fahrzeug mit zwei Achsen. Jede weitere Achse kostet 8 Dollar (Stand 2018).

Grundsätzlich liegen die Gebühren für das Befahren von Mautstraßen und -brücken bei etwa 5 bis 15 Dollar. Die Gebühr wird erhoben, sobald man auf die Straße oder Brücke auffährt. In einigen Fällen passiert man hier kleine Hütten, in denen Personal sitzt und die direkt mit Bargeld oder Kreditkarte bezahlt werden können, oder es wird ein Foto des Kennzeichens gemacht und der Halter des Fahrzeugs kontaktiert. Ist Letzteres der Fall, sollte man bei Rückgabe des Wohnmobils den Vermieter darauf aufmerksam machen, dass man Mautstraßen oder

Auf der Confederation Bridge wir Maut fällig

-brücken passiert hat. Dieser berechnet dann die Mautgebühr. Gibt man dem Vermieter nicht Bescheid, kann es sein, dass dieser eine zusätzliche Bearbeitungsgebühr berechnet.

11.7 Abseits der üblichen Wege

Wer sich für eine Route abseits der üblichen Touristenpfade entscheidet, ist dazu angehalten, zunächst beim Vermieter nachzufragen, ob diese Strecke auch in den Mietbedingungen eingeschlossen ist oder beispielsweise vielleicht eine Zusatzgebühr (wie die *northern surcharge*) erhoben wird. Unbeschilderte Straßen sowie Forststraßen sollten grundsätzlich gemieden werden. Gerade in den Prärien Albertas und Saskatchewans kommt es zudem vor, dass einen das Navigationsgerät auf eine Schotterstraße schickt, bei der es sich um eine Abkürzung handeln soll. Jedoch sind die Bedingungen dieser Straßen in den meisten Fällen eher bescheiden und können zu einem nervenaufreibenden Slalomkurs werden, in dem die Passagiere inklusive jeglicher Küchenausstattung durchgeschüttelt werden.

Wer auf eine Straße abbiegt, die *unmaintained* aussieht, also so, als würde sie nicht gepflegt werden, dem ist dazu geraten, den Rückzug anzutreten, um böse Überraschungen zu vermeiden. Kommt es hier zu einer Panne, ist es durchaus möglich, dass der Versicherungsschutz erlischt und die Kosten für das Abschleppen des Fahrzeugs nicht vom Vermieter getragen werden.

Einige Mautstraßen und -brücken in Kanada (Stand 05/2018)

Nova Scotia:
- Cobequid Padd Highway 104
- Macdonald Bridge
- MacKay Bridge

Prince Edward Island:
- Confederation Bridge

Ontario:
- Ambassador Bridge
- Blue Water Bridge
- Detroit-Windsor Tunnel
- Ontario Highway 407
- Ontario Highway 412
- Peace Bridge
- Thousand Islands Bridge
- Three Nations Crossing

Québec:
- A25 Bridge
- Autoroute 30

Ist ein Grenzübertritt in die USA während des Urlaubs geplant, sollte man sich beim Vermieter über mögliche Zusatzkosten informieren. Zudem muss man bei der Überquerung der Grenze sicherstellen, dass keine verbotenen Produkte in das Land gebracht werden. Nicht selten werden Fahrzeuge stichprobenartig durchsucht und es können nicht unerhebliche Strafen erhoben werden, falls verbotene Lebensmittel oder andere Güter aus Kanada in die USA oder aus den USA nach Kanada überführt werden. Gerade dadurch, dass man mit seinem Eigenheim auf vier Rädern unterwegs ist, vergisst man gern mal die einen oder anderen Lebensmittel vor dem Grenzübertritt zu entsorgen oder bei der Überfahrt zu erwähnen.

Hinweisschild der Nahanni Range Road im Yukon

Hilfreiche Websites:
- Canada Border Service Agency, (CBSA): *www.cbsa-asfc.gc.ca/fpa-apa/menu-eng.html*
- US Customs and Border Protection: *help.cbp.gov/app/answers/detail/a_id/3619/kw/bringing%20food%20to%20us*

12. Das perfekte Camp

Government Campground, Yukon

12. Das perfekte Camp

Jeder hat unterschiedliche Vorstellungen von dem, was ein perfektes Camp bieten sollte. Den meisten werden Gedanken wie Nähe zur Natur, Unberührtheit, Einsamkeit, Stille, Berge und Seen durch den Kopf gehen, wenn sie sich den perfekten Campingplatz in Kanada ausmalen. Diese Attribute sind es, die Kanada so beliebt bei Campern machen! Die Infrastruktur ist auf RVs ausgelegt und an natürlicher Vielfalt mangelt es dem Land mit Sicherheit nicht. Im folgenden Kapitel soll auf die verschiedenen Übernachtungsmöglichkeiten mit dem Wohnmobil eingegangen werden. Neben dem altbekannten Campingplatz mit Stromanschluss und fließend Wasser (*RV park* oder *private campgrounds*) gibt es in Kanada auch die autarken *government campgrounds*, die durch ihre Lage punkten. Die Abenteurer unter den Campern mögen sich zudem fragen, ob man nicht einfach überall sein Nachtlager aufschlagen kann oder ob das sogenannte *wild camping* im Land verboten ist. All diese verschiedenen Übernachtungsmöglichkeiten werden im folgenden Kapitel etwas genauer betrachtet.

In Kanada findet sich für jedes Budget der richtige Campingplatz. Je nach Provinz und Jahreszeit liegen die Preise pro Nacht zwischen etwa 12 Dollar und 80 Dollar. Wen es in den Sommermonaten in die touristischen Hochgebiete zieht, dem ist dazu geraten, sich rechtzeitig über Campingplatzverfügbarkeiten zu informieren und gegebenenfalls vor Antritt der Reise seinen Platz zu reservieren. Dies nimmt einem zwar die Flexibilität, ist aber für einige Nationalparks des Landes zwingend notwendig.

12.1 Campingplätze

Grundsätzlich werden in Kanada zwei unterschiedliche Arten von Campingplätzen unterschieden – die privaten Campingplätze (*private campgrounds* oder *RV parks*) und die staatlichen Campingplätze (*government campgrounds)*. Jede Provinz hat ihre eigenen, vom Staat geführten Campingplätze. Nicht überall sind diese unter dem Begriff *government campgrounds* im Verzeichnis zu finden. Normalerweise findet man diese ganz einfach unter „campgrounds" oder „campsites" auf der Karte oder der *parks*-Seite der jeweiligen Provinz im Internet. Staatliche Campingplätze in *national* oder *provincial parks* (siehe Kapitel 12.3) werden zudem entweder von der jeweiligen Provinz oder Parks Canada geführt.

Private Campingplätze

Private Campingplätze stehen im Regelfall für sich selbst. In einigen Fällen gibt es jedoch Plätze, die sich Ketten wie beispielsweise Kamgrounds of America (KOA)

Waterton Town Campground, Alberta

anschließen. Diese Ketten sind wesentlich populärer in den USA; in Kanada gibt es bisher nur wenige Campingplätze, die sich KOA angeschlossen haben. Andere Campingplätze sind Mitglieder des Good Sam Clubs. RV-Reisende, die Mitglieder des Clubs sind, erhalten zum Teil vergünstigte Übernachtungen oder Rabatte auf andere Serviceleistungen. Beide Marken sind aus den USA nach Kanada übergeschwappt und insbesondere im Süden des Landes und in den touristischen Kerngebieten weit verbreitet. Campingplätze, die mit diesen Namen werben, müssen gewisse Standards bieten und sollen es RV-Reisenden ermöglichen, sich überall der Qualität des Campingplatzes sicher sein zu können.

Die Anlagen der privaten Campingplätze verfügen über die verschiedensten Serviceleistungen. Die meisten bieten einen direkten Strom- und Wasseranschluss. Dies ermöglicht Reisenden, die Batterien des Campers aufzuladen und Frischwasser direkt aus der Leitung statt aus dem Tank zu bekommen. Viele der Campingplätze verfügen zudem über eine *dumping station* und fest installierte sanitäre Anlagen wie Duschen und Toiletten. Je nach Größe des Campingplatzes können die Serviceleistungen von einem *laundromat* (Waschsalon) auf dem Platz bis hin zu einem Pool, Spielplätzen für Kinder, Restaurants und Souvenirläden reichen. Am häufigsten ist neben Strom und Wasser mittlerweile auch ein Internetzugang gegen eine Gebühr verfügbar, diese ist jedoch in der Regel überteuert. Besser ist es, stattdessen auf das freie WiFi vieler Restaurants und öffentlicher Einrichtungen während der Reise zurückgreifen!

Die Größe der *RV parks* kann von einigen wenigen Plätzen bis hin zu hundert und mehr reichen. Preislich liegen die Campingplätze meist zwischen 30 Dollar und

80 Dollar pro Nacht. Der Preis hängt häufig von der gewünschten Serviceleistung und der Saison ab. In den meisten Fällen kann man sich vor Ort für einen Teilanschluss (Strom und Wasser) oder Komplettanschluss (Strom, Wasser und Abwasser) entscheiden.

Die Lage der privaten Campingplätze kann innerhalb des Landes sehr stark variieren. In vielen Fällen handelt es sich um große Anlagen, die sich in günstiger Lage zu touristischen Sehenswürdigkeiten oder größeren Verkehrswegen befinden. Einige von ihnen bestechen jedoch, vergleichbar der staatlichen Campingplätze, durch eine erstklassige Lage mit tollen Ausblicken auf die umliegende Umgebung. Die einzelnen *campsites* sind meist durch kleine Hecken oder Pfosten voneinander abgetrennt und verfügen über einen Picknicktisch. Grundsätzlich ist der Platz etwas begrenzter und man ist seinem Nachbarn etwas näher als auf einem staatlichen Campingplatz.

Viele Campingplätze bieten Wochen- oder Monatsraten an. Gerade Nordamerikaner buchen sich während der Sommermonate manchmal für längere Zeiträume auf einem Campingplatz ein. Einige der privaten Campingplätze mögen an ganze Urlaubsanlagen erinnern, während andere eher etwas simpler gehalten sind. Für alle Reisenden gilt, jeder sollte in regelmäßigen Abständen eine Nacht auf einem privaten Campingplatz einlegen, um die Batterien des Wohnbereichs aufzuladen und Serviceleistungen wie *dumping stations* und Frischwasser in Anspruch zu nehmen.

TIPP: Private Campingplätze

Eine hilfreiche Website bei der Suche nach privaten Campingplätzen ist Go RVing. Die Internetseite bietet eine Auswahl an privaten Campingplätze in den meisten Provinzen des Landes:
gorving.ca/campgrounds

Weitere Internetseiten, die bei der Suche nach dem richtigen Campingplatz helfen können, finden sich im Anhang!

Staatliche Campingplätze

Die staatlichen Campingplätze sind bei Reisenden aus Europa etwas beliebter, weil sie in einem Großteil der Fälle durch eine traumhafte Lage bestechen. Und schließlich ist es die Natur, für die man nach Kanada kommt! Die Campingplätze werden von den verschiedenen Provinzen geführt und instand gehalten. Preislich sind sie im Regelfall um einiges günstiger als private Campingplätze, jedoch sollte man nicht überrascht sein, wenn die Preise pro Nacht in den beliebten Regionen wie beispielsweise British Columbia oder Ontario um einiges höher ausfallen.

Ausstattungsumfang eines staatlichen Campingplatzes

Die Größe der Campingplätze kann von etwa fünf bis hin zu fünfzig *campsites* reichen. Jedoch fallen die individuellen Parkplätze im Regelfall größer als auf privaten Campingplätzen aus. Seinen Nachbarn sieht man in vielen Fällen gar nicht, da die Plätze durch Bäume oder dichteres Dickicht voneinander getrennt sind, was eine größere Privatsphäre bietet. Staatliche Campingplätze sind grundsätzlich nur während der Sommermonate, von Mai bis September, geöffnet.

Die Plätze verfügen im Regelfall nur über Plumpsklos, die jedoch sehr gut instand gehalten werden und mit den Horrorvorstellungen vieler Reisender nichts gemein haben. Außerdem gibt es Unterstände, die mit Picknicktischen und teilweise einem Ofen ausgestattet sind. Dies ermöglicht es denjenigen, die mit Zelten unterwegs sind, bei schlechtem Wetter Unterschlupf zu finden. Je nach *campground* ist außerdem Feuerholz kostenlos oder gegen eine Zusatzgebühr erhältlich. Der eigene Platz verfügt grundsätzlich über einen Picknicktisch sowie eine eigene Feuerstelle. In einigen Fällen gibt auf den Campingplätzen auch Spielplätze, *day use areas* für Urlauber, die auf der Durchreise sind, und kleinere Rundwege, die zu Sehenswürdigkeiten in der näheren Umgebung führen. Wer sich für einen staatlichen Campingplatz entscheidet, der ist auf seinen RV als autarkes Reisemobil angewiesen!

Campingplätze können in vielen Provinzen und insbesondere in den touristischen Regionen im Voraus reserviert werden. Es ist jedoch auch üblich, einfach am Campingplatz zu schauen, welche Plätze verfügbar sind. Wer sich hierzu entscheidet, kann entweder vor Ort bei einem Mitarbeiter bezahlen oder füllt ein *camping permit* (Camping-Erlaubnis) aus. Im Yukon handelt es sich hierbei um kleine gelbe Papiertaschen, die bei Einfahrt auf den Campingplatz mitgenommen werden können. Nachdem alle Informationen ausgefüllt worden sind, schließt man den zu zahlenden Betrag in der Papiertasche ein. Hier heißt es Bargeld dabei haben! Die Papiertaschen werden dann in eine Box eingeworfen, die sich im Regelfall ebenfalls am Eingang des Campingplatzes befindet. Als Beweis bleibt ein kleiner Zettel zurück, der mit denselben Informationen ausgefüllt wurde. Dieser wird anschließend an dem Pfosten des jeweiligen Platzes angebracht.

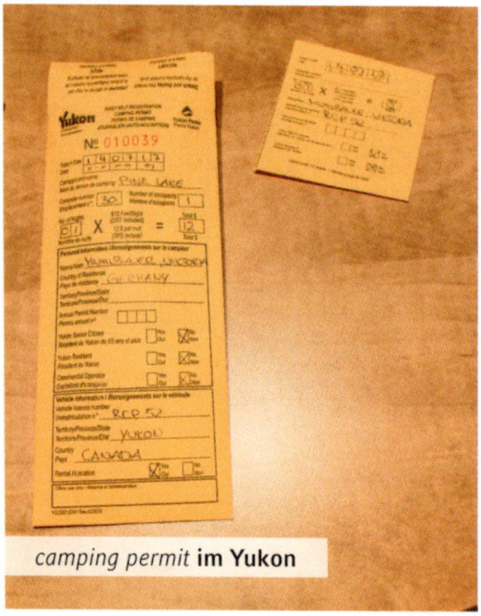

camping permit **im Yukon**

Egal ob privater oder staatlicher Campingplatz, das Netzwerk der Campingplätze innerhalb Kanadas ist bestens für eine Reise mit dem Wohnmobil ausgelegt. Wem Flexibilität während der Reise wichtig ist, der sollte in der Hochsaison darauf vorbereitet sein, dass der Erstwunsch-Campingplatz nicht zwangsläufig verfügbar ist, aber meist findet man schon in einem Radius von wenigen Kilometern einen passenden Ersatz. Gerade in Gebieten, in denen es jedoch nur eine begrenzte Anzahl an Campingplätzen gibt, ist es empfehlenswert, sich entweder frühzeitig während des Tages auf Campingplatzsuche zu begeben oder gegebenenfalls vor Antritt der Reise zu reservieren, um böse Überraschungen zu vermeiden und nicht zu viel Zeit mit der Suche eines passenden Campingplatzes zu verschwenden.

Belegter Campingplatz

12.2 Rest Areas

Rest areas beschreiben in der Regel *pullouts* (Parkbuchten) entlang der Highways, die über sanitäre Anlagen (Plumpsklos) und Picknicktische verfügen. Sie werden in der Regel einige Kilometer zuvor durch blaue Hinweisschilder angekündigt. In den meisten Fällen befinden sich *rest areas* an attraktiven Aussichtspunkten entlang der Strecke und kommen in regelmäßigen Abständen vor. In nahezu allen Fällen, in denen man eine *rest area* vorfindet, welche über eine Toilette und einen Picknicktisch verfügt, wird man auch ein Hinweisschild finden, dass das Übernachten nicht gestattet ist. In den abgelegeneren Regionen des Landes mag es vielleicht verlockend klingen, einfach am Straßenrand zu übernachten, und die Wahrscheinlichkeit, dass man erwischt wird, ist vielleicht auch relativ gering, jedoch sollte man sich an die Regeln halten. Schließlich ist man nur Gast im Land und sollte die Gebräuche respektieren und vermeiden, dass man ein saftiges Bußgeld verpasst bekommt.

Die *rest areas* eigenen sich ideal als Stopp um die Beine zu vertreten oder für die Mittagspause. Die Plätze sind in der Regel gut gepflegt und die Toiletten sind mit den Plumpsklos, wie man sie vielleicht aus Europa kennt, in den wenigsten Fällen zu vergleichen. Wichtig ist, dass man die Parkplätze auch so zurücklässt, wie man sie selbst gern vorfinden würde. Dies kommt nicht nur anderen Reisenden, sondern auch dem *wildlife* zugute. Wer seinen Müll nicht ordentlich entsorgt oder vergisst, die Klappe der Mülltonne richtig zu schließen, der riskiert nicht nur, dass Tiere angezogen werden, sondern auch zu einer potenziellen Gefahr für den Menschen werden (beispielsweise Bären). Eichhörnchen und Vögel lungern gern in der näheren Umgebung der *rest areas* herum und sollten unter gar keinen Umständen gefüttert werden!

rest area mit Aussicht

Einige der *rest areas* befinden sich auch in direkter Nähe zu beliebten Wanderwegen oder anderen Sehenswürdigkeiten. Die Parkplätze sind in der Regel sehr großzügig geschnitten und bieten Platz für mehrere Wohnmobile.

12.3 Nationalparks

Zu den mit Abstand beliebtesten Zielen jedes RV-Reisenden gehören in Kanada die Nationalparks des Landes. Sie sind die Highlights der jeweiligen Region und gehören auf die *bucket list* jedes Urlaubers. In Kanada gibt es derzeit 47 Nationalparks. Ihre Aufgabe? Der Welt die einzigartige Schönheit und Vielfalt des Landes näher bringen und diese gleichzeitig zu schützen! Zu den wohl bekanntesten unter ihnen gehören Banff und Jasper, Gros Morne oder der Pacific Rim National Park. Wer einen dieser einzigartigen Orte besuchen möchte und plant auf einem der dortigen Campingplätze zu übernachten, dem ist dazu geraten, sich über die verschiedenen Übernachtungsmöglichkeiten vor Antritt der Reise zu informieren. Wer einen Campingplatz in einem der Nationalparks reservieren möchte, der kann dies direkt auf der Internetseite von Parks Canada machen. Hier wird zusätzlich zu der Gebühr für den Campingplatz eine Reservierungsgebühr in Höhe von 11 Dollar (Stand 03/2018) erhoben. Man kann die Verfügbarkeiten jedes Campingplatzes überprüfen und gleichzeitig sehen, welche Annehmlichkeiten vor Ort verfügbar sind und wie hoch die Gebühr ausfällt.

TIPP: Nationalparks
Ein Liste aller Nationalparks findet man auf der Parks Canada-Website unter: www.pc.gc.ca/en/pn-np/recherche-parcs-parks-search

Wichtig zu beachten ist, dass jeder Reisende, der einen der Nationalparks oder andere Parks Canada-*sites* besuchen möchte, einen gültigen Nationalparkpass vorweisen muss. In den meisten Fällen kann man zwischen einem Tages- oder Wochenpass wählen. Wer mit dem Wohnmobil unterwegs ist, der sollte sich jedoch überlegen, ob sich nicht der Kauf eines *discovery pass* lohnt. Dieser berechtigt den Zugang zu über achtzig Sehenswürdigkeiten und Nationalparks, die von Parks Canada verwaltet werden. Gerade bei Reisen durch die Rockies und British Columbia kann sich der Kauf des Passes bereits lohnen. Wer Fragen zum *discovery pass* hat, kann sich in vielen Fällen auch beim Veranstalter bei der Buchung oder beim Vermieter vor Ort informieren.

TIPP: Parks Canada
Parks Canada Reservation Service:
www.pc.gc.ca/en/voyage-travel/reserve

Liste der Parks Canada-Nationalparks, die den *discovery pass* akzeptieren:
www.pc.gc.ca/en/voyage-travel/admission/particip

12.4 Wild Camping

Viele Reisende, insbesondere die erfahrenen RV-Urlauber, möchten während ihrer Reise auch mal ab vom Schuss und ganz ungestört übernachten. Der Begriff *wild camping* beschreibt, wie die englische Bezeichnung schon vermuten lässt, das „wilde Campen", also das Campen dort, wo es einem gerade gut gefällt, aber keine offiziellen Campingplätze vorhanden sind.

Mit dem RV ist das *wild camping* in der Regel nicht so einfach, denn unauffällig ist man mit einem 20-Fuß-Wohnmobil eher selten. Es gibt einige Gesetze in Kanada, die es *Canadian residents* erlauben, auf sogenanntem *crown land* in Zelten zu übernachten. Diese Regeln gelten jedoch nicht für RVs und unterscheiden sich von Provinz zu Provinz. Für *non-residents*, also Besucher des Landes, die ihren Wohnsitz nicht in Kanada haben, sind grundsätzlich *permits* (Genehmigungen) erforderlich.

Nichtsdestotrotz gab es in Kanada lange Zeit jede Menge öffentliche Parkbuchten, Parkplätze und Aussichtspunkte, die sich ideal als Nachtlager für RV-Reisende geeignet haben. Jedoch ist das *wild camping* sehr beliebt geworden, und viele Reisende haben nach ihrer Abreise Unordnung, Müll und Fäkalien hinterlassen, so dass mittlerweile nahezu jede Parkbucht, jede *rest area* und jeder Parkplatz mit Verbotsschildern versehen ist. *No camping, no overnight staying* sind die häufigsten Hinweisschilder, die man vorfinden wird. Schilder mit Hinweisen wie *private property* oder *no trespassing* weisen auf Privatgrundstücke hin und sollten ebenfalls gemieden werden! Nur nach Rücksprache mit dem Besitzer des Grundstücks darf hier gecampt werden.

Gerade in den touristischen Gebieten wird man hier wenig Glück haben. Wer jedoch abseits der üblichen Touristenpfade reist oder wen es weiter in den Norden zieht, der mag noch die eine oder andere Stelle finden, an dem das Übernachten nicht verboten ist. Der Vorteil der RVs ist, dass man komplett autark reisen kann, ohne Spuren zu hinterlassen. Im Interesse aller zukünftigen Reisenden sollte darauf geachtet werden, dass der Standort am nächsten Morgen so hinterlassen wird, wie man ihn vorgefunden hat (oder sauberer!), schließlich sollen auch zukünftige Urlauber diese *wild camping*-Möglichkeit in Anspruch nehmen und die Natur genießen können!

Fraserway RV
FRASERWAY.com
Adventurer
swstrailers.com

13. Unterbrechungen und Pannen

Abschleppwagen auf dem Dempster Highway, Yukon

13. Unterbrechungen und Pannen

Keiner mag sich Gedanken um sie machen und trotzdem sollte man so gut wie eben möglich auf sie vorbereitet sein: unvorhergesehene Unterbrechungen und Pannen während des Urlaubs! In Kapitel 8 wurde bereits auf die grundsätzlichen Bestandteile der Mietbedingungen der Vermieter eingegangen und verschiedenen Aspekte, die zum Erlöschen des Mietschutzes führen, erwähnt. Grundsätzlich sollte man mit seinem Mietfahrzeug so umgehen, wie man es auch mit seinem eigenen Auto machen würde. Je nach Länge des Urlaubs ist das regelmäßige Überprüfen der Reifen und Flüssigkeitsstände wärmstens zu empfehlen und das nicht nur um den Versicherungsschutz aufrechtzuerhalten.

Die Versicherungspakete der meisten Vermieter beinhalten die *road side assistance*, also den Abschleppdienst im Fall einer Panne oder eines Unfalls. Wichtig hierbei ist, dass man zunächst den Vermieter kontaktieren muss, sollte der vom Vermieter angegebene Dienstleister nicht verfügbar sein, bevor weitere Abschleppdienste angerufen werden. Wer sich mit dem Vermieter nicht abspricht, riskiert das Erlöschen des Versicherungsschutzes und muss die Kosten für das Abschleppen selbst tragen.

In einigen Fällen schicken Vermieter ihre Reisenden zudem mit Handbüchern in den Urlaub, die die wichtigsten Kontaktinformationen im Fall eines Unfalls oder Panne enthalten.

CAA in Ontario

Ähnlich dem ADAC in Deutschland, bietet der kanadische Automobilclub CAA (Canadian Automobile Association) einen Pannendienst in den meisten Provinzen Kanadas. Wer Mitglied beim ADAC ist, kann sich vor Ort beim CAA über die Versicherungsmöglichkeiten informieren. Im Regelfall ist man durch den deutschen ADAC, der Mitglied des internationalen Netzwerks FIA (Fédération Internationale de l'Automobile) ist, als Standardmitglied beim CAA für die Dauer des Urlaubs versichert. Der Versicherungsschutz gilt jedoch nicht für RVs und man muss sich vor Ort über Zusatzgebühren und die Wirksamkeit des Versicherungsschutzes innerhalb des ganzen Landes erkundigen. Da dies sehr zeitaufwendig werden kann, ist dazu geraten, sich bereits vor Antritt der Reise beim ADAC über die Möglichkeiten zu erkundigen. Grundsätzlich empfiehlt es sich jedoch jegliche Pannen und Unfälle über den Vermieter abzuwickeln!

13.1 Sicheres Fahren

Das sichere Fahren ist das A und O jedes *road trips*! Nur so kann man seinen Urlaub genießen und gleichzeitig entspannen. Gerade mit dem Wohnmobil kann man sich jedoch zu Beginn etwas unwohl auf den Straßen fühlen, insbesondere, wenn man keine vorherige Fahrerfahrung mit einem RV hat. Das Gute? Die Straßen in Kanada sind wesentlich breiter als in Europa und auf größere Fahrzeuge ausgerichtet. Dasselbe gilt für Parkplätze, Wendekreise (in der Regel) und Campingplätze. Geschwindigkeiten werden in Kanada ebenso wie in Europa in Kilometer pro Stunde angegeben und die Verkehrsregeln sind ähnlich der in Deutschland. Grundsätzlich darf in Ortschaften und Städten 50 km/h gefahren werden. Auf den Highways und Landstraßen gilt grundsätzlich 90 km/h, außer die Beschilderung sagt etwas anderes. In den meisten Fällen ist man gut daran den gesunden Menschenverstand walten zu lassen.

TIPP: Zum Sicheren Fahren

- Fahrzeug regelmäßig überprüfen (Öl- und Kühlwasser, Reifen)
- Straßen- und Wetterbedingungen beachten
- Warnschilder am Straßenrand ernst nehmen
- regelmäßig Pausen machen bzw. Fahrer wechseln
- nicht abseits ausgewiesener Wege unterwegs sein

Ein wichtiger Faktor, der das Fahrverhalten maßgeblich beeinflusst, ist Stress. Reisende unterschätzen gern die Distanzen innerhalb Kanadas und geraten durch zu ambitionierte Tagesziele unter Stress. Wie bereits im Verlauf des Buches mehrmals angedeutet, ist es wichtig, dass man sich mit dem Zielgebiet vor Antritt der Reise etwas vertraut macht und idealerweise Tagesetappen mit einer Länge von etwa 200 Kilometer kalkuliert. Natürlich gibt es hier Ausnahmen (siehe Teil 4), aber das Wichtigste ist, dass man sich selbst nicht überschätzt und sich dadurch den Urlaub ruiniert. Entscheidend ist die Balance. Auch wenn Kanada vielleicht eine Ferndestination ist, sollte man seine Reise nicht so planen, als käme man nie wieder zurück. Mit nahezu 100-prozentiger Sicherheit kann nämlich garantiert werden, dass es einem so gut gefällt und man unbedingt noch einmal wiederkommen möchte!

Wie damals zu Fahrschulzeiten, sollte man im Straßenverkehr kein Risiko eingehen und defensiv fahren. Auch wenn man vielleicht selbst mit dem Wohnmobil nur mit einem kleinen Schaden bei einem Unfall davon kommt, heißt das nicht, dass dasselbe für die anderen Beteiligten gilt. Jeder kennt seine eigenen Grenzen und sollte dementsprechend fahren. Grundsätzlich empfiehlt es sich, immer mindestens zwei Fahrer beim Vermieter eintragen zu lassen. Dies senkt das Stresslevel für den eigentlichen Fahrer und ermöglicht, dass im Notfall ein zweiter Fahrer das Fahrzeug zurück zur Station fahren kann, ohne dass der Versicherungsschutz erlischt. Außerdem sollte man sich öfters mal am Steuer abwechseln, um Übermüdung zu vermeiden.

13.2 Unfall- und Pannengefahren

Wie auch auf europäischen Straßen, stellen andere Verkehrsteilnehmer, Wildtiere, widrige Straßen- oder Wetterbedingungen sowie man selbst das größte Unfallrisiko dar. Auf Kanadas breiten Straßen, die sich in den Prärien des Landes für hunderte Kilometer nahezu geradlinig durch das Land ziehen, ist das Risiko für Sekundenschlaf sehr hoch! Grundsätzlich ist wichtig, dass man in regelmäßigen Abständen Pausen einlegt und umgehend anhält, wenn man merkt, dass die Konzentration nachlässt oder die Lider anfangen schwer zu werden.

Auch wenn die Straßen des Landes in der Regel mit breiten, von jeglicher Bepflanzung befreiten Straßengräben umgeben sind, können Wildtiere ein hohes Unfallrisiko darstellen. Gerade in der Dämmerung sind sie besonders aktiv, und der Zusammenstoß mit einem Bison oder Elch kann fatale Folgen haben. Hinweisschilder sollten ernst genommen und die Geschwindigkeit entsprechend angepasst werden. Wer in den frühen Morgen- oder Abendstunden unterwegs ist, sollte

Warnung vor Bisons auf der Fahrbahn

besonders aufmerksam sein. Während Elche und anderes Rehwild die Straße in der Regel nur überqueren, blockieren Bisons gern mal die Fahrbahn und sind im Dunkeln nur sehr schwer zu erkennen!

Stellt man fest, dass sich hinter einem eine Kolonne bildet, sollte man bei der nächsten Gelegenheit rechts heran fahren und anderen Verkehrsteilnehmern ermöglichen, vorbeizufahren. Dies verhindert, dass es zu riskanten Überholmanövern kommt. Dasselbe gilt, wenn man selbst ein anderes Fahrzeug überholen möchte. Hierbei sollte man unbedingt die verzögerte Beschleunigung der schweren RVs berücksichtigen und genügend Platz für das Manöver einplanen.

Ein gängiger Schaden an Mietfahrzeugen sind Dellen am vorderen oder hinteren Ende des Wohnmobils oder Schäden am Dach. Diese kommen in den meisten Fällen dadurch zustande, dass der Fahrer die Länge oder Größe des Fahrzeugs unterschätzt. Wichtig ist, dass man sich gegenseitig Hilfestellungen beim Ein- und Ausparken gibt und sich bei der Übernahme über die Höhe des Fahrzeugs informiert.

Bei Fahrten in bergigen Regionen ist zudem wichtig, dass man die Bremsen des Fahrzeugs nicht dauerhaft belastet, um ein Versagen derselben nicht zu riskieren. Bei abschüssigen Fahrten kann entweder in einen niedrigeren Gang (entweder *low gear* oder 1 oder 2) geschaltet werden oder man kann die *tow/haul*-Funktion für die Abfahrt hinzu schalten (siehe Kapitel 6.2).

Wer eine längere Reise geplant hat, sollte zudem in den vom Vermieter vorgegeben Abständen das Öl überprüfen bzw. wechseln lassen, den Reifendruck kontrollieren und den Stand der anderen Flüssigkeiten messen. Die Kosten für die Instandhaltung des Fahrzeugs werden im Regelfall vom Vermieter übernommen, sofern diese 50 Dollar nicht überschreiten. Wichtig: Beleg aufheben, um bei Abgabe des Fahrzeugs das Geld erstattet zu bekommen.

Kommt es am Ende doch zu einem Unfall oder einer Panne während der Reise: Nicht gleich in Panik geraten! Grundsätzlich ist die Infrastruktur des Landes hervorragend ausgebaut und die nächste Werkstatt, der nächste Abschleppdienst oder, im schlimmsten Fall, das Krankenhaus nicht weit entfernt. Dies sieht im Norden des Landes jedoch etwas anders aus; sollte es hier zu einer Panne kommen, muss man sich auf längere Wartezeiten einstellen.

TIPP: Keine Panik

Im Fall eines Unfalls oder einer Panne heißt es, nicht in Panik zu geraten. Sofern man eine Versicherung abgeschlossen hat und nicht vertragsbrüchig gefahren ist, sind keine finanziellen Folgen zu befürchten.

Die Vermieter stellen in der Regel ein kleines Handbuch zur Verfügung, das alle wichtigen Schritte und Kontaktinformationen im Fall eines Unfalls oder einer Panne auflistet. Grundsätzlich muss bei jedem Unfall die Polizei benachrichtigt und ein Unfallbericht ausgefüllt werden.

13.3 Kritische Wetterverhältnisse

Widrige Witterungsbedingungen können zu Unterbrechungen während der Reise oder im schlimmsten Fall zu Unfällen führen. Gerade wer in der Nebensaison in den nördlichen Regionen des Landes unterwegs ist oder Gebirge, insbesondere die Rocky Mountains, durchquert, muss darauf vorbereitet sein, dass es schneien kann. Die meisten Fahrzeuge sind mit Allwetterreifen ausgestattet und nicht für das Fahren im Winter geeignet. Ob Schnee oder Regen – grundsätzlich gilt: Kein Risiko eingehen! Wem bei der Fahrt unwohl ist, dem ist dazu geraten, die nächste Parkbucht oder den nächsten Campingplatz anzusteuern und auszuharren.

Schneesturm in Toronto

Auf *gravel roads* (siehe Kapitel 1.3) sollte man grundsätzlich vorsichtig fahren, insbesondere wenn es die Tage zuvor stark geregnet hat. Die Straßen weichen auf und der Untergrund ist meist lehmig, was die Fahrbahn zu einer rutschigen Angelegenheit werden lässt. Auch vor *soft shoulders* sollte man sich in Acht nehmen. Sie sind unter normalen Bedingungen bereits eine nicht zu unterschätzende Gefahr, wenn man zu dicht an den Fahrbahnrand gerät. Aber bei Regen ist das Risiko gerade auf *gravel roads* noch höher, dass man den Hang hinunter rutscht.

Starke Regenfälle können zudem zu Unterspülungen führen oder Geröll im Gebirge lösen, was zu Sperrungen führen und die Reisepläne durchkreuzen kann. Niemand ist davor gefeit, dass es zu Unterbrechungen oder Pannen während des Urlaubs kommen kann. Wichtig ist, dass man sich durch schlechte Wetterbedingungen oder unvorhergesehene Vorkommnisse, die die Reisepläne ändern, nicht die Laune verderben lässt. Die Straßen Kanadas sind grundsätzlich nicht gefährlicher als in Europa, und wer aufmerksam, mit gesundem Menschenverstand und ausgeruht fährt, der legt den Grundstein für eine unvergessliche Reise!

14. Alltag im Camper

Unberührte Natur soweit das Auge reicht

14. Alltag im Camper

In einem geordneten Haushalt findet sich alles! Das gilt insbesondere, wenn man drei Wochen in einem Wohnmobil verbringt. Wer mit einem Haus auf vier Rädern unterwegs ist, sollte einige Dinge während der Reise beachten. Der Alltag kehrt ein und alle Mitglieder der Reisegruppe entwickeln mehr oder weniger wichtige Aufgaben, um ein reibungsloses Miteinander zu ermöglichen. Die ist gerade auf engstem Raum von großer Bedeutung und sorgt für einen harmonischen Urlaub.

Viel zusätzlichen Stauraum gibt es in den Hängeschränken

Familien mit Kindern kennen es nur allzu gut, alle wollen bespaßt werden und wuseln einem während des Kochens zwischen den Beinen herum. Dies ist bereits in einer Wohnung anstrengend, kann in einem Wohnmobil aber noch viel schneller zu einem Streitauslöser werden. Reisen Freunde mit, mit denen man bisher noch keinen Campingurlaub verbracht hat und nun womöglich noch das Wohnmobil teilt, kann Streit ganz schnell aufkommen. Hier ist wichtig, dass alle Mitglieder der Gruppe mit Aufgaben versorgt werden und so eine effiziente und für alle Beteiligten gerechte Routine entsteht.

Grundsätzlich empfiehlt es sich für Freunde oder befreundete Paare, die miteinander Reisen, separate Fahrzeuge zu mieten. So können beide Gruppen ihre Reise genießen und die Sehenswürdigkeiten anschauen, die ihnen wichtig sind, und sich am Abend am vereinbarten Campingplatz wieder treffen.

Im Folgenden soll auf die einen oder anderen Kleinigkeiten eingegangen werden, die einem den Urlaub mit dem Wohnmobil ungemein erleichtern können, gerade wenn man keine Campingerfahrung vorweisen kann. Mit welchen Kosten muss jeden Tag gerechnet werden und worauf muss ich vor der Weiterfahrt am nächsten Morgen achten? Der ein oder andere mit Campingerfahrung mag vielleicht nicht mit allem übereinstimmen, was in den nächsten Kapiteln empfohlen wird; wichtig ist, dass jeder eine Routine findet, die für ihn am besten funktioniert und sich während der Reise bewährt!

14.1 Stauraum (Gepäck und Ordnung)

Auch Campingneulinge wissen, dass der Stauraum in den Fahrzeugen, je nach Größe des Modells, begrenzt ist. Daher haben die Wohnmobilhersteller viele Tricks und Kniffe entwickelt, um zusätzlichen Stauraum in den Fahrzeugen zu schaffen.

Die Außenfächer der Alkoven-Wohnmobile eignen sich in der Regel ideal für die leeren (!) Gepäckstücke, Feuerholz, Campingstühle und alles, was man Zuhause in einem Schuppen oder auf dem Dachboden unterbringen würde. Die kleinen Van Conversions haben meist keine Außenfächer, und die Fächer der Truck Camper sind oft zu klein, um Koffer unterzubringen. Die meisten Vermieter bieten jedoch an, die leeren Koffer an der Vermietstation zu verstauen. Wer eine Einwegmiete bucht, sollte möglichst mit Stofftaschen reisen, da diese weniger Platz einnehmen und beispielsweise unter den Sitzen oder auf der Rückbank des Trucks verstaut werden können, falls nur zwei Personen gemeinsam reisen.

Im Wohnbereich des Fahrzeugs gibt es viele verschiedene Staufächer. Diese befinden sich entweder über dem Essbereich, unter der Sitzbank oder in der Küche. In den meisten Fahrzeugen findet sich zudem ein kleiner Kleiderschrank, einige Schubladen und Stauraum neben dem Kopfende des Betts für Brillen, Bücher und andere Kleinigkeiten. Die Badezimmer bieten meist nur Platz für die nötigsten Utensilien (Zahnbürste und Zahnpaste). Beim Packen der Koffer sollte man also darauf achten, effizient zu packen und Unnötiges zu vermeiden.

Küche im Camper

Die Küche bietet in der Regel den meisten Stauraum. Man sollte beim Einräumen darauf achten, dass schwere Gegenstände wie beispielsweise Getränkedosen oder Kartoffeln in den unteren Fächern verstaut werden. Gerade auf schwierigen Straßen können Dinge ab und zu aus den Fächern fallen und sollten dementsprechend sicher verstaut werden. Manchmal lohnt es sich auch eng zu packen, um ein Bewegen der einzelnen Lebensmittel während der Fahrt zu verhindern. Dasselbe gilt übrigens auch für Teller, Tassen und Gläser. Einige Vermieter statten die Wohnmobile mit Plastikutensilien aus, während andere Gläser und Porzellanteller bieten. Diese können jedoch während der Fahrt zerbrechen, sofern sie nicht sicher verstaut wurden.

TIPP: Ersatz für Zerbrochenes
Wenn Geschirr oder Gläser auf der Fahrt kaputt gehen, kann man im Allgemeinen ganz bedenkenlos beim nächsten Supermarkt Ersatz kaufen und den Beleg bei der Rückgabe des Wohnmobils vorlegen. Vermieter erstatten in der Regel Unkosten bis zu 50 Dollar.

Der Kühlschrank und das Gefrierfach der meisten Wohnmobile sind nicht sehr groß. Gerade wer viel kocht und frische Lebensmittel während der Reise nutzt, sollte schauen, wie viel tatsächlich in den Kühlschrank passt und lieber während der Reise ab und zu anhalten, um Vorräte aufzufüllen.

RVs bieten definitiv genügend Platz, um alles Wichtige unterzubringen, aber verschwenden eben auch keinen unnötigen Raum. Gerade diejenigen, die mit den kleineren Fahrzeugen wie dem Van Conversion oder einem 19-Fuß-Wohnmobil unterwegs sind, müssen so manches Mal beim Packen kreativ werden. Sicher ist, am Ende der Reise haben alle den Dreh raus und wissen, wie man am sinnvollsten ein Wohnmobil „belädt“.

14.2 Tägliche Routine

Nicht nur für Kinder ist Routine wichtig, auch Erwachsene sollten während eines Campingurlaubs eine sinnvolle Abfolge der Tätigkeiten für sich entwickeln. Wer nutzt zuerst das Badezimmer? Wer ist heute für das Frühstück verantwortlich?

Gerade auf engstem Raum kann es zu Konfrontationen kommen, wenn alle versuchen dasselbe zur gleichen Zeit zu machen. Paare und Familien sind in der Regel eingespielte Teams. Das heißt jedoch nicht, dass diese Rollenverteilung auch in einem Wohnmobil funktioniert. Grundsätzlich kann nur einer das Badezimmer nutzen. In der Küche ist meist auch nur Platz für eine Person, maximal zwei, und unnötigen Platz zum Herumstehen gibt es definitiv nicht. Wichtig ist, dass man seinen eigenen Campingrhythmus findet. Ist dieser erst einmal gefunden, kann man den Urlaub in vollen Zügen genießen. Beim Frühstück oder am

TIPP: Wie verstaue ich mein Gepäck im Wohnmobil?
www.youtube.com/watch?v=crM8bYo2cDU (mittelgroßes Wohnmobil)
Quelle: Youtube, Canusa

Abend zuvor sollte besprochen werden, wie der Plan für den Tag aussieht und wie weit es bis zum Tagesziel ist. Insbesondere wenn die Wettervorhersage nicht so vielversprechend aussieht, sollte man sich auch Gedanken über Alternativen machen und gemeinsam entscheiden, wie der Schlachtplan für den Tag aussieht!

Sind alle startklar, das Geschirr ist abgewaschen und der Campingplatz aufgeräumt, kann es losgehen! Was es vor der Weiterfahrt zu beachten gibt, wird in Kapitel 14.6 genauer erklärt. Wichtig ist, dass alle Beteiligten, auch die Kleinsten unter ihnen, ein Mitspracherecht bei der Tagesgestaltung haben. Eltern wissen, wann die Kinder in der Regel am kooperativsten sind und wann während des Tages eine Pause oder ein Mittagsschlaf vonnöten ist.

Die ersten zwei bis drei Tage des Urlaubs sollte man sich damit abfinden, dass die Routine erst einmal gefunden werden muss und alle Beteiligten sich auf einander einspielen müssen. Ist das geschafft, ist den meisten Streitereien und Konflikten bereits vorgebeugt.

14.3 Kochen im Camper

Kochen im Wohnmobil kann eine Herausforderung für den leidenschaftlichen Küchenchef darstellen. Der Platz ist begrenzt, als Arbeitsfläche muss im Regelfall der Esstisch oder Campingtisch herhalten, und man hat meist nicht all die Utensilien zur Hand, die man benötigt.

Grillen ist beliebt bei Camping-Reisenden

Der Einfachheit halber sollte man seine Menüplanung etwas simpler halten als Zuhause und darauf vorbereitet sein, dass man nicht alles, was man aus der Heimat kennt, in Kanada finden wird. Möglich ist, dass der Supermarkt diese Produkte nicht führt oder sie in Kanada ganz einfach nicht gängig sind.

Die Fahrzeuge sind meist mit einem Propanherd mit zwei Platten und einem Propanofen ausgestattet. In einigen Fällen gibt es zudem eine Mikrowelle und am beliebtesten ist sowieso das Grillen auf offenem Feuer auf dem Campingplatz!

Einige mögen etwas unsicher sein, wenn es um das Kochen mit Propan geht. Jedoch kann ich aus eigener Erfahrung sagen, dass dies einfacher ist als gedacht. Einzig der Ofen mag einem so manches Mal Kopfzerbrechen bereiten, wenn die Startflamme einfach nicht überspringen will. Aber auch das wird mit einiger Übung zum einfachsten Trick während des Campingurlaubs.

Die Fahrzeuge sind grundsätzlich mit einem Propanmelder versehen, der sich am Boden befindet. Dieser schlägt Alarm, wenn Propan ausläuft und sich im am Boden des Wohnmobils sammelt. Glücklicherweise riecht Propan sehr unangenehm, und so kann man meist bereits vor dem Auslösen des Melders riechen, dass eine der Herdflammen nicht richtig zugedreht war. Wichtig ist immer sicherzustellen, dass der Herd und Ofen komplett ausgeschaltet sind. Riecht man Propan, sollte man zunächst alle möglichen Quellen überprüfen und diese zudrehen und umgehend die Türen öffnen, so dass das Propan aus dem Fahrzeug „auslaufen" kann. Kann die Quelle des Lecks nicht gefunden werden, sollte man umgehend den Propantank schließen. Das bedeutet zwar, dass der Kühlschrank und das Gefrierfach nicht weiter kühlen können, jedoch geht die Sicherheit aller Reisenden im Fall eines Propanlecks vor! Die meisten Zwischenfälle mit Propan sind in der Regel jedoch auf das nicht richtige Ausschalten des Herds oder Ofens zurückzuführen.

Hungriger Grizzly auf Nahrungssuche

Die Preise für Lebensmittel sind grundsätzlich vergleichbar mit denen aus Europa, jedoch sind einige wie beispielsweise frisches Fleisch und Agrarprodukte wesentlich teurer. Zudem wird man in Kanada nur in den seltensten Fällen Brot, Aufschnitt oder andere Produkte finden, wie man sie aus der Heimat kennt. Und wenn, dann sind diese wesentlich teurer! Wer in ein anderes Land reist, muss darauf vorbereitet sein, dass die Gewohnheiten und Bräuche sich von denen im Heimatland unterscheiden und das ist auch gut so. Man sollte nicht mit der Erwartungshaltung nach Kanada reisen, dass man alle Produkte, wie man sie aus Deutschland kennt, auch hier vorfindet. Aber das ist das Tolle an jeder Reise! Man bekommt Gelegenheit, die lokale Küche zu probieren, und wem läuft nicht das Wasser im Mund zusammen, wenn er über einen frisch gegrillten Lachs oder einen zuckrig-süßen Donut nachdenkt!

14.4 Budget-Planung

Ein Wohnmobil-Urlaub in Kanada ist nicht billig! Neben den Kosten für das Fahrzeug gibt es einiges, was bei der Planung der Reise berücksichtigt werden muss. In Kapitel 3.2 wurde bereits auf die wichtigsten zusätzlichen Kostenfaktoren eingegangen: Spritkosten, Kosten für Propan, Campingplätze und Lebensmittel.

Auch wenn die Wechselkursrate für Europäer in den letzten Jahren sehr vorteilhaft war, darf man nicht vergessen, dass neben den oben aufgeführten Hauptausgaben mit Sicherheit noch Kosten für Touren, Attraktionen und Sehenswürdigkeiten hinzukommen. Wer plant, die Nationalparks des Landes zu besuchen, muss hier noch ein paar Dollar bezahlen, und wer die größeren Städte besucht, wird sicherlich mit einigen horrenden Parkplatzgebühren rechnen müssen. Shopping soll sicherlich auch nicht zu kurz kommen, ob Souvenirs oder Kleidung, und die eingeschobenen Mittagessen tragen mit Sicherheit auch zur Endrechnung bei.

Grundsätzlich steht einem Budgeturlaub in Kanada nichts im Wege, sofern man seine Ausgaben etwas genauer plant. Man sollte jedoch stets im Hinterkopf behalten, dass Kanadas Preise mit denen in Europa vergleichbar sind und es sich bei diesem Land nicht um eine Billigdestination handelt.

14.5 Camping-Etikette

Wie überall im Leben, gibt es auch beim Campen einige Regeln und die sollte man, gerade als Besucher des Landes, beherzigen und ernst nehmen. Einige werden sicherlich einleuchtend klingen und man mag sich fragen, warum sie an dieser Stelle überhaupt erwähnt werden müssen. Aber es gibt leider immer wieder Urlauber, die sich bewusst oder unbewusst über Regeln oder die Etikette hinwegsetzen und nicht an andere Mitreisende denken, die dadurch eine schlechtere Urlaubserfahrung machen. Deutsche sind grundsätzlich als sehr ordentliche und pflichtbewusste Menschen in der Welt bekannt und gehören auch nicht zu den größten Übeltätern, was Umweltverschmutzung und das Hinterlassen von Abfällen in Urlaubsländern betrifft. Jedoch gibt es auch hier das eine oder andere schwarze Schaf, und daher soll im Folgenden auf einige grundlegende Dinge eingegangen werden, die sich jeder Camping-Urlauber zu Herzen nehmen sollte!

Feuerverbote respektieren

In den Sommermonaten, gerade wenn es einige Wochen nicht ausreichend geregnet hat, können sogenannte *fire bans* von der Regierung auferlegt werden. Diese sollen verhindern, dass es zu Waldbränden kommt. Meist finden sich Informationen über bestehende *fire bans* an den Campingplätzen oder den örtlichen Besucherzentren. Wer sich nicht an das Verbot hält, muss mit hohen Strafen rechnen! Einige private Campingplätze verbieten während dieser Zeit auch Propanfeuer.

Nur örtliches Feuerholz nutzen

Um das Verbreiten von Insekten und anderen Schädlingen zu vermeiden, sollte immer nur Feuerholz aus der Region genutzt werden. Feuerholz gibt es an Campingplätzen oder Tankstellen. Niemals (!) Bäume für Feuerholz fällen!

Feuer nur an den dafür vorgesehen Stellen zünden

Nahezu jeder Campingplatz verfügt über einen *fire ring*, in dem man sein Lagerfeuer zünden kann. Gibt es keine gekennzeichneten Feuerstellen, muss man sich informieren, ob eine Feuer überhaupt zulässig ist, und in jedem Fall sicherstellen, dass keine Waldabfälle, getrocknetes Laub und andere brennbaren Materialien in der direkten Umgebung vorzufinden sind. Außerdem sollte man sich weit genug von Bäumen entfernen und die Feuerstelle mithilfe von Steinen eingrenzen.

Sichere Feuerstelle hinterlassen

Am Abend oder vor der Abfahrt sollte immer sichergestellt werden, dass das Feuer komplett erloschen ist und nicht mehr raucht.

Müll entsorgen und Recyceln

In Kanada sagt man „*If you pack it in, pack it out*“ (Was du mitbringst, musst du auch am Ende wieder mitnehmen). Diese Regel sollte man sich besonders zu Herzen nehmen. Idealerweise hinterlässt man keine Spuren, wenn man am nächsten Morgen seinen Campingplatz verlässt. Müll sollte stets sachgemäß entsorgt werden, und es schadet nicht, wenn man den Müll, den andere hinterlassen haben, ebenfalls entsorgt. Mittlerweile gibt es an vielen Campingplätzen zudem Recyclingtonnen. Wer Müll hinterlässt, riskiert, dass Tiere angezogen werden und den Müll durchsuchen. Ein gefütterter Bär ist ein toter Bär! Das klingt dramatisch, ist aber wahr. Sobald Tiere sich daran gewöhnen, dass es in der Nähe von Menschen Nahrung gibt, werden sie zur Gefahr für sich und andere!

Camping-Regeln lesen und beachten

Jeder Campingplatz hat seine eignen Regeln. Diese findet man meist direkt an der Einfahrt zum Platz, oder man kann sich beim Registrieren informieren. Die Regeln jedes Platzes sollten jederzeit befolgt werden!

Ruhezeiten respektieren

Man sollte sich über die Ruhezeiten der Campingplätze informieren und diese einhalten. Das heißt nicht, dass nur laute Gespräche verboten sind, sondern auch, dass Generatoren nicht mehr genutzt werden sollten.

Geschwindigkeitsbegrenzungen beachten

Auf Campingplätzen darf in der Regel nur mit 10 bis 20 km/h gefahren werden. Gerade Kinder spielen auf den Plätzen ungeachtet der Straßen, und die Wege sind meist sehr kurvig und schlecht einzusehen!

Mitarbeiter des Campingplatzes und Nachbarn mit Respekt behandeln

Man sollte Mitarbeiter der Campingplätze immer mit Respekt behandeln, ebenso wie seine Nachbarn. Dauert das Einchecken auf dem Campingplatz mal länger, sollte man nicht unhöflich oder aggressiv werden. Gerade in der Hochsaison ist auf den Campingplätzen viel los und die Mitarbeiter versuchen die Urlauber so schnell wie möglich und professionell abzufertigen. Ebenso sollte man Rücksicht auf seine Nachbarn nehmen. Wer frühzeitig abreist oder später am Campingplatz eintrifft, sollte möglichst leise sein Lager auf- oder abbauen.

Quelle: www.campingrvbc.com/how/camping-rules/etiquette, Stand 04/2018

14.6 Vor der Weiterfahrt

Bevor man sein Nachtlager am nächsten Morgen verlässt, gibt es einige Dinge, die man beachten sollte. Einige der Vermieter stellen Reisende eine kleine Checkliste zusammen, die die wichtigsten Punkte erwähnt. Ob mit oder ohne Checkliste, man sollte vor Abfahrt kurz sicherstellen, dass alles sicher verstaut ist und alle Geräte ausgeschaltet sind.

Man sollte überprüfen, dass

- auf dem Campingplatz nichts liegen gelassen wurde und alles eingeräumt ist.
- der Zettel, mit dem der Platz reserviert wurde, abgenommen wurde.
- alle Außenfächer zu sind und abgeschlossen wurden.
- das Stromkabel und der Wasseranschluss von der Leitung getrennt wurden (auf privaten Campingplätzen).
- die Eingangsstufe (Alkoven-Wohnmobil) oder Treppe (Truck Camper) eingeklappt wurde.
- die Eingangstür zum Wohnbereich abgeschlossen ist.
- der Herd und Ofen ausgeschaltet sind.
- der Boiler ausgeschaltet ist.
- die Wasserpumpe ausgeschaltet ist.
- alle Lampen im Wohnbereich des Fahrzeugs ausgeschaltet sind.
- der *slide-out*, wenn vorhanden, eingefahren wurde.

Sobald alle Passagiere ihre Plätze eingenommen haben und angeschnallt sind, kann es dann losgehen!

Teil 4
Mögliche Routen – Wer die Wahl hat, hat die Qual

Das Abenteuer ruft!

Wer nach Kanada reist, hat die Qual der Wahl. Das Land hat so viel zu bieten und es ist gar nicht so einfach zu entscheiden, wo die Reise hingehen soll. Wer nach Reisezielen in Kanada im Internet sucht, der wird mit Sicherheit Namen wie Banff, Vancouver oder Toronto lesen, aber es gibt noch so viel mehr als die eindrucksvollen Rocky Mountains oder modernen Metropolen – Orte, von denen man vielleicht noch nie zuvor gehört haben mag, und die unterschiedlichsten Landschaften, die einem den Atem rauben!

Den meisten Reisenden stehen etwa zwei bis drei Wochen für ihren Kanada-Urlaub zur Verfügung und die sollten möglichst viel bieten! Wichtig ist, dass man im Urlaub nicht in die Stressfalle tappt, weil man versucht, möglichst alles innerhalb kürzester Zeit zu sehen. Wer einmal nach Kanada kommt, der kehrt mit Sicherheit zurück. Aus diesem Grund sollte man sich bewusst überlegen, was einem während der Reise wichtig ist und welches Gebiet des Landes von höchstem Interesse ist. Es ist unmöglich, das ganze Land innerhalb von drei Wochen zu entdecken, auch wenn man kein Problem mit langen Tagesetappen hat!

Dieser Teil des Buches stellt einige der beliebtesten Reiserouten des Landes vor, ebenso wie etwas unbekanntere Zielgebiete und Offroad-Routen für die Abenteurer unter den Lesern. Wichtig zu beachten ist, dass es sich hierbei nur um beispielhafte Routenvorschläge handelt, die ganz nach Belieben abgeändert und komplett umgeschrieben werden können! Ziel ist es, eine Sammlung an Ideen zu präsentieren, die die Planung der nächsten Urlaubsreise vielleicht ein bisschen einfacher gestaltet.

15. Klassische Routen

Vancouver, British Columbia

15. Klassische Routen

Die folgenden Routen gehören zu den Klassikern! Sie werden von jedem Veranstalter für Wohnmobil- und Autoreisen vorgeschlagen und stehen beispielhaft für die Vielseitigkeit des Landes. Von der eindrucksvollen Küste Nova Scotias bis hin zum pazifischen Regenwald der Westküste – diese Routen gehören nicht ohne Grund zu den beliebtesten der Urlauber.

Die Routen sind zwischen 14 und 21 Tage lang. Wem weniger Zeit zur Verfügung steht oder vielleicht sogar mehr, der kann seine Reise ganz ohne Probleme kürzen oder verlängern. Das ist das Schöne am Campingurlaub! Entlang der vorgeschlagenen Strecken gibt es einige Sehenswürdigkeiten, die man auf gar keinen Fall verpassen sollte. Wie man jedoch von A nach B kommt, das ist einem ganz allein überlassen! Gegenüber den *fly-and-drive*-Reisenden, die mit einem Mietwagen das Land entdecken und jede Nacht ein neues Hotel ansteuern, können Camper ihr Nachtlager ganz nach Belieben auswählen. Es ist die Flexibilität, die den Campingurlaub mit dem Wohnmobil zu einer so beliebten Reiseform in Kanada macht.

15.1 Die Maritimes

Unter den maritimen Provinzen Kanadas werden New Brunswick, Nova Scotia und Prince Edward Island zusammengefasst. Sie alle befinden sich in derselben

Peggy's Cove, Nova Scotia

Route 1: The Maritimes

Tag	Tagesetappe	Distanz (in km)
1	Halifax bis Liverpool	150
2	Liverpool bis Yarmouth	157
3	Yarmouth bis Annapolis Royal	130
4	Annapolis Royal bis Kejimkujik National Park	78
5	Kejimkujik National Park bis Truro (über Wolfville	254
6	Truro bis Pictou (über Cape Chignecto)	344
7	Pictou bis Cheticamp	258
8	Cheticamp bis Baddeck (über den Cabot Trail)	208
9	Baddeck	-
10	Baddeck bis Sydney	77
11	Sydney bis Liscomb	264
12	Liscomb bis Halifax	182
13	Halifax	-

Zeitzone. Häufig werden diese Provinzen auch als atlantische Provinzen bezeichnet, die zusätzlich noch die Provinz Newfoundland & Labrador einschließen.

Nova Scotia gehört mit Abstand zu der beliebtesten maritimen Provinz des Landes und ist das Zielgebiet der folgenden Reiseroute. Auf dieser Strecke wird nahezu die gesamte Provinz abgedeckt, und *scenic drives* wie der *Lighthouse Trail*, der *Ceilidh* und *Cabot Trail* werden befahren.

The Maritimes

Streckenlänge: etwa 2102 Kilometer
Reisedauer: 13 Tage

Tag 1: Halifax bis Liverpool

- Die Reise beginnt in Halifax, der Hauptstadt der Provinz. Wer die Möglichkeit hat, sollte ein oder zwei Tage zum Erkunden der Stadt einplanen. Zu den bekanntesten Sehenswürdigkeiten gehören Citadel Hill, das Maritime Museum of the Atlantic und das Canadian Museum of Immigration at Pier 21. Außerdem gibt es eine vielfältige Restaurantszene und viele Pubs.
- Von Halifax geht es in Richtung Süden nach Liverpool. Entlang der Strecke bekommt man gleich zu Beginn die Möglichkeit eine der bekanntesten Sehenswürdigkeiten Nova Scotias, wenn nicht sogar Kanadas, zu besichtigen: Peggy's Cove.

- Von hier geht es weiter nach Lunenburg. Die Altstadt wurde 1995 zum UNESCO-Weltkulturerbe erklärt und besticht durch seine farbenfrohe Hafenpromenade. Außerdem ist Lunenburg der Heimathafen der *Bluenose*, dem Schiff, das die kanadischen Zehn-Cent-Münze ziert.
- Die Tagesetappe endet in Liverpool, der Freibeuter-Hauptstadt Nordamerikas.

Tag 2: Liverpool bis Yarmouth

- Bevor die Reise weitergeht, lohnt sich ein Besuch des Fort Point Lighthouse Park. Der Leuchtturm wurde 1855 gebaut und zählt zu einem der ältesten in der Provinz.
- Es geht vorbei an Barrington, Cape Sable Island, dem südlichsten Fleckchen Erde in Atlantik-Kanada bis hin nach Yarmouth. Yarmouth ist ein historischer Hafenort, der durch seine Nähe zu Neuengland und reiche Fischgründe vor der Küste große Bedeutung erlangte und noch heute durch seine historische Architektur besticht.

Tag 3: Yarmouth bis Annapolis Royal

- Entlang dem Evangeline Trail besteht die Möglichkeit eine Vielzahl kleiner pittoresker Ortschaften zu besuchen und eine Pause im Smugglers Cove Provincial Park einzulegen. Kurz vor Annapolis Royal kann Digby erkundet werden, der Heimathafen einer der größten Muschelflotten Nordamerikas. Die

Annapolis Royal, Nova Scotia

Stadt ist außerdem das Tor zu einer der wohl eindrucksvollsten Regionen Nova Scotias: der Bay of Fundy.

- Das Tagesziel ist Annapolis Royal. Die Stadt besticht durch eine Vielzahl historischer Gebäude, unter anderem das älteste aus Holz gebaute Haus Kanadas: das de Gannes-Cosby House, erbaut in 1708.

Tag 4: Annapolis Royal bis Kejimkujik National Park

- Weiter geht es ins Inland Nova Scotias, in den Kejimkujik National Park. Wanderwege und Kanuverleihe laden zum Entdecken das Parks ein. Der Campingplatz im Park ist insbesondere in den Sommermonaten ausgesprochen beliebt, und ein Platz sollte in der Hochsaison frühzeitig reserviert werden.

Tag 5: Kejimkujik National Park bis Truro (über Wolfville)

- Vom Kejimkujik National Park geht es zurück nach Annapolis Royal und von dort über Wolfville nach Truro. Die Strecke führt durch das Annapolis Valley, Atlantik-Kanadas wichtigstes Agraranbaugebiet. Kleine Ortschaften und Obsthaine zieren das Landschaftsbild, bevor man über Wolfville die Grand-Pré National Historic Site erreicht. Hier befindet sich eine aus Stein erbaute Kirche als Andenken an die Akadier. Akadier sind die Nachkommen französischer Siedler, die sich im 17. Jahrhundert vor allem in den Küstengebieten der damaligen französischen Kolonie Akadien niederließen und zwischen 1755 und 1763 von den Briten deportiert wurden.

Kejimkujik National Park, Nova Scotia

- Bevor Truro erreicht wird, sollte man entlang des Shubenacadien River den Tidenhub im Auge behalten. Der Fluss ist bekannt für seine starke Gezeitenwelle und *tour operator* bieten Raftingtouren auf dem Fluss an.

Tag 6: Truro bis Pictou (über Cape Chignecto)

- Die Route schlängelt sich entlang der Küste nach Cape Chignecto, Nova Scotias größtem Provinicial Park. Wanderwege führen entlang der Küste, und man hat eine fantastische Aussicht auf die Bay of Fundy. Von hier geht es über Amherst und Tatamagouche in die historische Hafenstadt Pictou.

Tag 7: Pictou bis Cheticamp

- Von Pictou aus führt die Reise nach Cape Breton Island, genauer nach Cheticamp. Auf dem Weg dorthin kommt man vorbei an schottisch beeinflussten Städten wie New Glasgow, Tracadie und Inverness.
- In Inverness lohnt sich ein Spaziergang entlang des Strands bevor die Fahrt vorbei an Dunvegan nach Cheticamp führt. Cheticamp ist ein kleiner Fischerort, der den westlichen Eingang zum Cape Breton National Park markiert.

Tag 8: Cheticamp bis Baddeck (über den Cabot Trail)

- Auf dem Cabot Trail nach Baddeck besteht die Möglichkeit eine der vielen Wanderungen im Cape Breton National Park zu unternehmen. Der wohl beliebteste Wanderweg des Parks ist der *Skyline Hike*, der eine großartige Aussicht auf die Küste und den umliegenden Park bietet. Der Weg führt vorbei an kleinen Fischerdörfern nach Ingonish. Hier hat man Gelegenheit einer der vielen Aktivitäten wie beispielsweise Walbeobachtungstouren nachzugehen.
- Der Cabot Trail führt wieder ins Inland und endet in South Haven, von wo aus es nur noch wenige Kilometer bis nach Baddeck sind.

Tag 9 und 10: Baddeck bis Sydney

- Baddeck bietet die Alexander Graham Bell National Historic Site, wo man sich über den Erfinder des Telefons informieren kann, sowie den Bras d'or Lake.
- Von Baddeck führt die Reise nach Sydney. Südlich von Sydney befindet sich die Fortress of Louisbourg, wohl eine der bekanntesten Canadian National Historic Sites. Auf dem Rückweg nach Sydney lohnt sich ein Umweg über den Marconi Trail. In Glace Bay besteht die Möglichkeit das Marconi National Historic Site zu besuchen.

Tag 11: Sydney bis Liscomb

- Von Sydney aus führt die Route entlang der Bras d'Or Lakes, das traditionelle Heimatgebiet der Mi'kmaq First Nations, über Antigonish und Sherbrooke nach Liscomb.

Tag 12: Liscomb bis Halifax

- Auf der letzten Etappe geht es entlang der Ostküste Nova Scotias von Liscomb in Richtung Halifax. Auf dem Weg dorthin lohnt sich ein Stopp im Lawrencetown Beach Provincial Park. In den Sommermonaten kann man hier Surfer vom Strand aus beobachten.
- Für die letzte Nacht sollte ein Campingplatz in der Nähe zur Vermietstation gewählt werden, damit der Tag der Rückgabe nicht zu stressig wird.

Tag 13: Halifax

- Es heißt Abschied nehmen vom treuen Reisegefährten. Nach Rückgabe des Wohnmobils bieten die meisten Vermieter einen Shuttleservice zum Flughafen oder in die Innenstadt an.

Halifax, Nova Scotia

15.2 Ontario und Québec

Wer an Kanada denkt, der denkt automatisch auch an Toronto, den CN Tower und die Niagara Falls. Aber die Provinz Ontario hat mehr zu bieten als nur diese touristischen *hot spots.* Wer sich weiter in den Norden vorwagt, der bekommt Gelegenheit in endlosen Laub- und Nadelwälder zu wandern und einige der bedeutungsreichsten Städte des Landes zu entdecken. In den Herbstmonaten lohnt sich eine Reise in die Provinzen Ontario und Québec, wenn alle Wälder in bunten Farben aufleuchten und man in den Genuss des *Indian Summer* kommt. Von Ottawa, der Hauptstadt Kanadas, geht es schließlich in die Provinz Québec, die durch ihre europäisch angehauchten Städte Montréal und Quebec City besticht.

Wer sich für eine Reise mit dem RV entscheidet, sollte hier einen genauen Blick auf die Mietbedingungen der Vermieter werfen. Viele erlauben es Reisenden nicht, die Fahrzeuge in die Stadtkerne Montréals und Québecs zu fahren. Die Straßen sind eng und Wohnmobile werden nicht selten aufgebrochen. Dementsprechend sollte man sich die Warnung zu Herzen nehmen und die öffentlichen Verkehrsmittel nutzen, um in die Zentren der Städte zu gelangen. Wer will sich in einer überfüllten Stadt auch schon auf eine mühselige Parkplatzsuche begeben?

Ontario und Québec

Streckenlänge: etwa 2860 Kilometer
Empfohlene Reisedauer: 18 Tage

Toronto, Ontario

Tag 1: Toronto

- Die Reise beginnt in Toronto, der größten Stadt des Landes! Die meisten Mietstationen befinden sich etwas außerhalb.
- Wer Gelegenheit dazu hat, sollte definitiv Torontos Innenstadt entdecken. Ob ein Besuch des CN Tower, ein Spaziergang durch das historische Distillery District oder eine Stippvisite in der Hockey Hall of Fame, die Stadt hat viel zu bieten und sollte unbedingt erkundet werden!

Tag 2: Toronto bis Niagara Falls

- Auf der Fahrt von Toronto geht es entlang dem Lake Ontario vorbei an Hamilton bis nach Niagara Falls. Die Wasserfälle sind ein *must see* für jeden Ontario-Besucher und wer mag, nimmt an einer der Hornblower-Bootstouren teil, die einen direkt zum Fuße der Wasserfälle bringen.

Tag 3: Niagara Falls bis Thousand Islands/Gananoque

- Von den Niagara Falls geht es über Toronto in die Thousand Islands-Region am Abfluss des Lake Ontario.
- Gananoque ist eine kleine Stadt, die als eines der Tore zu den vielen Inseln gilt. Hier kann man an einer der Bootstouren teilnehmen oder selbst mit dem Kajak auf Entdeckungstour gehen.

Route Ontario und Québec

Tag	Tagesetappe	Distanz (in km)
1	Toronto	-
2	Toronto bis Niagara Falls	130
3	Niagara Falls bis Thousand Islands/Gananoque	415
4	Thousand Islands/Gananoque bis Ottawa	160
5	Ottawa	-
6	Ottawa bis Mauricie	355
7	Mauricie bis Quebec City	170
8	Quebec City	-
9	Quebec City bis Tadoussac	215
10	Tadoussac bis Saguenay Fjord	125
11	Saguenay Fjord	-
12	Saguenay Fjord bis Charlevoix	125
13	Charlevoix bis Montreal	380
14	Montreal bis Ottawa	200
15	Ottawa bis Algonquin	280
16	Algonquin	-
17	Algonquin bis Toronto	305
18	Toronto	-

Tag 4 und 5: Thousand Island/Gananoque bis Ottawa

- Wer Ottawa entdecken möchte, der sollte sich einen Campingplatz im Randgebiet suchen und die öffentlichen Verkehrsmittel nutzen. Die Stadt hat viel zu bieten und ein Besuch des Parliament Hill sollte in keinem Fall fehlen. Am besten zwei Tage einplanen, um Kanadas Hauptstadt zu entdecken. Ein Spaziergang entlang des Rideau Canal ist immer zu empfehlen und wer gerne bummelt, der sollte unbedingt den ByWard Market besuchen. Wen die Geschichte Kanadas interessiert, der darf außerdem einen Besuch des Canadian Museum of History nicht vergessen!

Tag 6: Ottawa bis Mauricie

- Von Ottawa geht es nun in die Provinz Québec, genauer gesagt nach Mauricie. Die Strecke führt entlang des Ottawa River, der einen Großteil der Grenze zwischen Ontario und Québec markiert.
- Das Tagesziel ist der La Mauricie National Park. Der Park liegt in den laurentinischen Bergen und hat mehr als 150 Seen. Hier kann man die Seele baumeln lassen, bevor es am nächsten Tag nach Quebec City geht.

Tag 7: Mauricie bis Quebec City

- Quebec City erinnert in vielerlei Hinsicht an historische Städte in Europa. Die Stadt ist die Hochburg der franko-kanadischen Kultur und Französisch ist hier allgegenwärtig. Die gesamte Altstadt ist als UNESCO-Kulturerbe deklariert und definitiv einen Besuch wert!
- RVs dürfen in vielen Fällen nicht in die Stadt gefahren werden. Auch hier sollte das öffentliche Verkehrsnetz genutzt werden und ein Campingplatz etwas außerhalb der Stadt gebucht werden.

Tag 8: Quebec City

- Es besteht die Möglichkeit die Stadt weiter zu erkunden oder aber einen Tagesausflug in den Parc national de la Jacques-Cartier zu unternehmen. Der Park liegt etwa 45 Kilometer nördlich der Stadt.

Tag 9: Quebec City bis Tadoussac

- Die Strecke gehört zu einer der schönsten in Québec – es geht nach Tadoussac. Der kleine Ort ist bekannt für die erstklassigen Walbeobachtungstouren, die von hier aus starten.

Tag 10: Tadoussac bis Saguenay Fjord

- Von Tadoussac geht die Reise entlang am spektakulären Saguenay Fjord.
- Ein erster Zwischenstopp sollte unbedingt in Baie-Sainte-Marguerite eingelegt werden. Von hier aus kann man mit etwas Glück Belugas beobachten.
- Über Sainte-Rose-du-Nord geht es schließlich nach Saguenay.

Saguenay Fjord, Québec

Tag 11: Saguenay Fjord

- Wer mag, fährt von Saguenay in Richtung Süden in den Saguenay Fjord National Park. Hier findet sich für jeden die richtige Aktivität!

Tag 12: Saguenay Fjord bis Charlevoix

- Das Tagesziel ist Charlevoix. Die Stadt befindet sich im Herzen des Kanadischen Schildes. Einige der geologischen Oberfläche sind mehrere Milliarden Jahre alt!
- Zu den beliebtesten Aktivitäten in der Region gehören Bärenbeobachtungstouren.

Tag 13: Charlevoix bis Montréal

- Montréal, die zweitgrößte französischsprachige Stadt der Welt nach Paris, ist das nächste Ziel. Von Charlevoix geht es vorbei an Quebec City zurück in Richtung Süden. Wer die Stadt erkunden möchte, der sollte den RV auf dem Campingplatz am Stadtrand zurücklassen und das öffentliche Verkehrsnetz nutzen. Die Stadt hat viele historische Sehenswürdigkeiten zu bieten und ein Spaziergang durch die Nachbarschaften ist sehr zu empfehlen.

Tag 14: Montréal bis Ottawa

- Weiter geht es zurück nach Ottawa. Aufgrund der Distanzen wird noch einmal ein Zwischenstopp in der Hauptstadt eingelegt. Zu entdecken gibt es hier noch immer genug. Mittlerweile ist man zurück in Ontario und die letzten Tage der Reise sind angebrochen.

Kanutour im Algonquin Provincial Park

Tag 15: Ottawa bis Algonquin

- Der Algonquin Provincial Park im Herzen von Ontario gehört mit Abstand zu den beliebtesten Zielen der Kanadier in Ontario. Wer sich für Kanus begeistern kann, der ist hier genau richtig! Der Park lässt sich am besten mit dem Kanu oder zu Fuß entdecken.

Tag 16: Algonquin

- Heute besteht noch ein letztes Mal die Möglichkeit, die kanadische Natur in vollen Zügen zu genießen! Der Tag steht zur freien Verfügung und wer Glück hat, entdeckt während seiner Reise durch den Park den einen oder anderen Elch. Die Chancen einen dieser Gefährten zu begegnen sind im Park ausgezeichnet!

Tag 17: Algonquin bis Toronto

- Am letzten Tag geht es vom Algonquin Provincial Park nun zurück in den Süden der Provinz.
- Um den Tag der Rückgabe möglichst entspannt zu gestalten, sollte am heutigen Tag ein Campingplatz mit Nähe der Vermietstation gebucht werden.

Tag 18: Toronto

- Nach Rückgabe des RVs heißt es nun entweder Abschied nehmen vom Traumland Kanada oder noch ein paar Tage in Toronto verbringen, bevor die Heimreise angetreten werden muss.

15.3 Die Rockies

Sie stehen sinnbildlich für die eindrucksvolle Natur Kanadas, die Rocky Mountains! Eine Reise durch die atemberaubende Natur Albertas und British Columbias gehört auf die To-Do-Liste jedes Kanada-Urlaubers. Die meisten Camping-Neulinge entscheiden sich für die Rocky Mountains für ihren ersten Trip mit dem RV und das ist auch vollkommen gerechtfertigt. Für kanadische Verhältnisse kommt man hier auf kürzester Strecke in den Genuss einer der wohl abwechslungsreichsten Szenerien des Landes. Von sanften Hügellandschaften in Alberta, über türkisblaue Seen und eindrucksvolle Bergmassive – eine Reise durch und entlang der Rocky Mountains bietet all das. Zu den Highlights gehört eine Fahrt auf dem weltberühmten Icefields Parkway, der die Ortschaften Jasper und Banff miteinander verbindet. Wer sich für eine Reise durch die Rocky Mountains entscheidet, wird dies nicht bereuen und mit Sicherheit in den Bann des Landes gezogen!

Die Rockies

Streckenlänge: etwa 1490 Kilometer
Empfohlene Reisedauer: 13 Tage

Calgary mit dem Saddledome und Calgary Tower, Alberta

Tag 1: Calgary

- Calgary gilt mehr oder weniger als das Tor zu den Rocky Mountains. Mittlerweile gibt es auch Wohnmobilvermieter in Edmonton. Je nachdem, welche Flugverbindung günstiger ist, lohnt sich hier so manches Mal ein Preisvergleich.
- Calgary steht wie keine andere Stadt Albertas für Cowboys und Rodeos. Jedes Jahr zieht die Calgary Stampede über eine Millionen Besucher in die Stadt!

Tag 2: Calgary bis Edmonton

- Nach der Übernahme des Wohnmobils beginnt die Reise mit einer Fahrt durch die sanfte Hügellandschaft Albertas in Richtung Norden. Es geht nach Edmonton!
- Die Hauptstadt Albertas hat sich in den letzten Jahren enorm gewandelt. Gemütlich fließt der North Saskatchewan River durch die Stadt und ein Spaziergang durch das River Valley ist in jedem Fall zu empfehlen.

Tag 3: Edmonton

- Die West Edmonton Mall ist ein Shopping-Paradies. Oder doch eher ein Rundgang durch das Alberta Legislature Building oder ein Besuch des Elk Island National Park? Letzterer befindet sich nur 50 Kilometer östlich der Stadt und ermöglicht es Besuchern mit etwas Glück Bisons ganz nah zu kommen.

Tag 4: Edmonton bis Jasper

- Von Edmonton geht die Reise weiter nach Jasper, dem nördlichen Zugang zum weltberühmten Icefields Parkway.
- Auf dem Weg nach Jasper und in den gleichnamigen Jasper National Park verändert sich das Landschaftsbild bereits merklich und nach einigen hunderten Kilometern findet man sich bereits mitten in den Rocky Mountains.

Tag 5, 6 und 7: Icefields Parkway

- Die nächsten drei Tage widmen sich voll und ganz dem Erkunden des Icefields Parkway. Dieser erstreckt sich auf einer Länge von 233 Kilometern von Jasper bis nach Lake Louise. Entlang der Strecke kommt man in den Genuss einer der wohl schönsten Landschaften Kanadas. Vorbei geht es am Columbia Icefield, das dem Highway seinen Namen gibt, türkisblauen Gletscherseen und atemberaubenden Bergkulissen bis nach Lake Louise.
- Man sollte unbedingt die eine oder andere Wanderung unternehmen, um sich einen noch besseren Überblick über die Landschaft zu verschaffen.
- Zu den Highlights der Strecke gehören unter anderem Peyto Lake und Bow Summit.

Tag 8: Lake Louise bis Banff

- Lake Louise ist mehr als nur das berühmte Fairmont Chateau Lake Louise, das sich auf nahezu jeder Postkarte findet. Der kleine Ort ist eine Anlaufstelle für jegliche Outdoor-Enthusiasten. Ob Wandern, Klettern oder Kanu fahren, hier kann sich so richtig ausgetobt werden.
- Von Lake Louise sind es nur etwa 50 Kilometer bis nach Banff. Ebenso wie Lake Louise lebt Banff vom Tourismus. Der Banff National Park ist der älteste des Landes und vom Ort aus kann, wer mag, mit einer Gondel auf die Spitze des Sulphur Mountain gefahren werden. Auch wer sich gegen die Gondel entscheidet, wird von dem kleinen Ort nicht enttäuscht.

Besucherzentrum in Banff, Alberta

- Ein Besuch des *visitor information centre* ist zu empfehlen und auch von Banff aus kann man viele Spaziergänge unternehmen.
- Grundsätzlich sollte man seine Campingplätze entlang des Icefields Parkway während der Sommermonate im Voraus reservieren, um böse Überraschungen zu vermeiden.

Der Cowboy Trail, Alberta

Tag 9: Banff bis Pincher Creek

- Die Etappe führ von Banff über Canmore entlang des Cowboy Trail nach Pincher Creek. Die Rocky Mountains sind weiterhin am Horizont zu sehen, doch das Bild wird durch sanfte Hügellandschaften und Felder geprägt.
- Entlang der Strecke lohnt sich ein Stopp in der Eau Claire Distillery in Turner Valley. Hier gibt es neben Gin-Verkostungen auch leckere Snacks. Weiter geht es in Richtung Süden.
- Wer sich für die Geschichte der Cowboys in Alberta interessiert, der sollte zudem der Bar U Ranch einen Besuch abstatten. Die Ranch ist eine National Historic Site von Parks Canada.

Route: Die Rockies

Tag	Tagesetappe	Distanz (in km)
1	Calgary	-
2	Calgary bis Edmonton	300
3	Edmonton	-
4	Edmonton bis Jasper	265
5	Icefields Parkway	233
6	Icefields Parkway	-
7	Icefields Parkway	-
8	Lake Louise bis Banff	58
9	Banff bis Pincher Creek (über Canmore)	320
10	Pincher Creek bis Waterton Lakes National Park	45
11	Waterton Lakes National Park bis Fort McLeod	95
12	Fort McLeod bis Calgary	175
13	Calgary	-

Aussicht vom Bear's Hump im Waterton Lakes National Park, Alberta

Tag 10: Pincher Creek bis Waterton Lakes National Park

- Vom kleinen Ort Pincher Creek aus geht es in den Waterton Lakes National Park. Große Teile des Parks wurden durch einen schweren Waldbrand im September 2017 zerstört und ein neues Besucherzentrum wird derzeit gebaut. Auch wenn einige Bereich des Parks zum jetzigen Zeitpunkt für Besucher nicht zugänglich sind, lohnt sich ein Besuch in jedem Fall und hilft beim Wiederaufbau. Der Park besticht durch seine einzigartige Lage im Süden der Provinz und grenzt an den Bundesstaat Montana in den USA
- Eines der beliebtesten Fotomotive ist das Prince of Wales Hotel, das auf einer Anhöhe den Park überblickt.
- Eine Wanderung, die man sich unter gar keinen Umständen entgehen lassen sollte, ist der Bear's Hump. Zwar ist auch dieser Weg derzeit aufgrund der Schäden geschlossen, aber Mitarbeiter arbeiten daran den Park wieder großflächig zugängig zu machen.

Head-Smashed-In Buffalo Jump, Alberta

Tag 11: Waterton Lakes National Park bis Fort McLeod

- Weiter geht die Reise durch die Prärie Albertas nach Fort McLeod. Die Rocky Mountains werden immer kleiner im Rückspiegel und weite endlose Felder bestimmen das Landschaftsbild.
- Auf dem Weg nach Fort McLeod sollte man unbedingt der Head-Smashed-In Buffalo Jump World Heritage Site einen Besuch abstatten. Diese Weltkulturerbestätte zeugt von einer Jahrtausende alten Jagdmethode der First Nations dieser Region.

Tag 12: Fort McLeod bis Calgary

- Die letzte Etappe führt von Fort McLeod zurück nach Calgary. Wer bisher noch keine Gelegenheit dazu hatte, der sollte die Innenstadt oder einen der vielen Parks erkunden.

Tag 13: Calgary

- Der Tag des Abschieds ist gekommen. Nach der Rückgabe des RVs bringt der Shuttleservice des Vermieters Reisende entweder zum Flughafen oder zu einem der Hotels in der Innenstadt.

15.4 Südliches BC und Vancouver Island

British Columbia gehört wohl mit Abstand zu den beliebtesten Provinzen bei Urlaubern. Ob eine Reise mit dem RV oder Mietwagen im Sommer oder ein Skiurlaub im Winter – die Provinz bietet alles, was man sich als Reisender wünschen kann. Zu den beliebtesten Zielgebieten innerhalb der Provinz gehören Vancouver, Vancouver Island und das Okanagan Valley. All diese werden in die folgende Reiseroute integriert. Auf kürzester Strecke erlebt man die vielfältigsten Landschaften des Landes. Vom pazifischen Regenwald geht die Reise durch die Coast Mountains, die Vorläufer der Rockies, über in das Okanagan Valley, dem Wein- und Obstanbaugebiet der Provinz. Genießer komme hier ganz auf ihre Kosten und für Sportbegeisterte findet sich in jedem Ort die richtige Aktivität.

Südliches BC und Vancouver Island

Streckenlänge: etwa 1960 Kilometer
Empfohlene Reisedauer: 13 Tage

Tag 1: Vancouver

- Vancouver, die Perle am Pazifik, wie die Stadt auch häufig genannt wird, besticht durch ihre traumhafte Lage. Eingebettet zwischen den Coast Mountains und dem Pazifik ist die Stadt Ausgangspunkt für Reisen in British Columbia. Hier kommt jeder auf seine Kosten.

Vancouver, British Columbia

- In der Stadt kommt man in den Genuss erstklassiger Restaurants und Kunstgalerien, während man nur wenige Kilometer außerhalb Grouse Mountain erklimmen oder den Lighthouse Park in West Vancouver besuchen kann. Sehr zu empfehlen ist ein Spaziergang entlang der Seawall des Stanley Park.

Tag 2: Vancouver bis Victoria

- Ziel ist die Hauptstadt British Columbias: Victoria. Nach der Übernahme des RVs geht es in Richtung Süden zum Fährhafen in Tsawwassen. Im Idealfall sollte ein Platz auf der gewünschten Fähre vorgebucht werden. Bei der Reservierung muss man die Länge des Fahrzeugs angeben, diese bestimmt den Preis. Außerdem müssen Propantanks auf Fähren grundsätzlich geschlossen werden. Das Personal vor Ort wird einen über alle Regel informieren.
- Die Fahrt nach Victoria ist zu jeder Jahreszeit traumhaft und führt vorbei an den Gulf Islands. Mit ganz viel Glück kann man von der Fähre aus sogar Wale, Delfine, Seehunde und andere Meerestiere entdecken.
- Victoria besticht durch ihren britischen Charme. Ein Spaziergang entlang des Hafens oder durch die Altstadt ist sehr zu empfehlen, ebenso wie ein Besuch des Parlamentsgebäudes.
- Wer etwas mehr Zeit in der Region einplant, der sollte unbedingt an einer Walbeobachtungstour teilnehmen. Mit etwas Glück bekommt man Gelegenheit, die eindrucksvollen Orcas aus nächster Nähe zu betrachten!

Tag 3: Victoria bis Tofino

- Von Victoria geht es zunächst in Richtung Norden, entlang der Westküste der Insel. Von Parksville fährt man schließlich durch das Inland an die atemberaubende Ostküste Vancouver Islands. Auf dem Weg dorthin lohnt sich ein Stopp im MacMillan Provincial Park.
- In der Cathedral Grove hat man Gelegenheit einige der eindrucksvollsten Douglasien auf Vancouver Island zu bestaunen.
- Das Tagesziel ist Tofino, ein kleiner Fischerort, nördlich der Pacific Rim National Park Reserve.

Tag 4: Tofino

- In Tofino gibt es viel zu entdecken! Ob ein Spaziergang am Tonquin Beach oder vielleicht doch am Chesterman oder Long Beach, die Möglichkeiten sind unendlich.
- Wer mag, begibt sich auf den Weg nach Ucluelet und erkundet dieses charmante Dorf oder nimmt an einer Tour zur Hot Springs Cove von Tofino aus teil. Die Landschaft ist atemberaubend, und auch wenn es vielleicht so manches Mal auf der Insel regnet, sollte man sich davon nicht zurückhalten lassen.

Tag 5: Tofino bis Powell River (über Courtenay)

- Auf dieser Tagesetappe geht es zurück auf das Festland. Bis Parksville folgt man derselben Strecke bevor es in Richtung Norden nach Courtenay geht. Von hier geht es erneut auf die Fähre und nach Powell River an die Sunshine Coast British Columbias.
- Powell River besticht durch kleine Cafés und bietet Aktivitäten für jeden Urlauber.

Tonquin Beach, Tofino, British Columbia

Tag 6: Powell River bis Whistler

- Entlang der Sunshine Coast geht es weiter in den wohl bekannteste Skiort Kanadas: Whistler. In den Sommermonaten toben sich Mountainbiker auf den Berghängen aus.
- Wer es lieber etwas entspannter angeht, der kann mit der Peak 2 Peak Gondola einen traumhaften Ausblick auf Whistler Village, die umliegenden Berge, Seen, Wälder und Gletscher erhalten.

Tag 7: Whistler

- In Whistler gibt es viel zu entdecken und wem heute nach einem Abenteuer zu Mute ist, der kann *Ziplining* ausprobieren! Andernfalls gibt es genügend Wanderwege, die man entdecken kann oder vielleicht mag man einfach nur durch den beschaulichen Skiort bummeln.

Tag 8: Whistler bis Kamloops

- Weiter geht es von Whistler nach Kamloops. Die Stadt bietet einen Outdoor-Spielplatz für Mountainbiker, Wanderer, Golfer und interessierte Angler.
- Wer gern auf dem Wasser ist, der sollte unbedingt Stand Up Paddling oder Kajaken auf einem der vielen Seen in der Region ausprobieren!

Route: Südliches BC und Vancouver Island

Tag	Tagesetappe	Distanz (in km)
1	Vancouver	-
2	Vancouver bis Victoria	115
3	Victoria bis Tofino	317
4	Tofino	-
5	Tofino bis Powell River (über Courtenay)	266
6	Powell River bis Whistler	250
7	Whistler	-
8	Whistler bis Kamloops	300
9	Kamloops bis Kelowna	170
10	Kelowna bis Osoyoos	124
11	Osoyoos bis Harrison Hot Springs	288
12	Harrison Hot Springs bis Vancouver	130
13	Vancouver	-

Tag 9: Kamloops bis Kelowna

- Diese Tagesetappe führt in das Okanagan Valley, nach Kelowna. Wer sich für Wein interessiert, ist hier genau richtig! Einen großartigen Blick über Kelowna und den Okanagan Lake erhält man von der View Winery.
- Verkostungen sind nahezu überall möglich und wer sich für biologisch angebauten Wein interessiert, der sollte zuletzt noch einen Stopp an der Summerhill Pyramid Winery einlegen. Die Weinkellerei ist ein Mitglied der Canadian Signature Experiences und in jedem Fall einen Besuch wert.

Tag 10: Kelowna bis Osoyoos

- Die Route führt in Richtung Süden entlang des Okanagan Lake, vorbei an Penticton nach Osoyoos.
- Wer mag, kann weitere Weingüter besuchen oder aber auf einem der örtlichen Märkte frisches Obst aus der Region kaufen und am Okanagan Lake genießen. Augen auf! Mit etwas Glück erhascht man vielleicht einen Blick auf Ogopogo, den Nessie British Columbias.

Tag 11: Osoyoos bis Harrison Hot Springs

- Osoyoos befindet sich nur wenige Kilometer nördlich der Grenze zu den USA.
- Die Nk'Mip-Weinkellerei ist definitiv einen Besuch wert und ist die erste von First Nations geführte Weinkellerei Nordamerikas.
- Wer sich für die Kultur der örtlichen First Nations interessiert, sollte zudem das Nk'Mip Desert Centre besuchen.

- Ziel des Tages ist Harrison Hot Springs, ein Erholungsort an der Südspitze des Harrison Lake im Fraser Valley.

Tag 12: Harrison Hot Springs bis Vancouver

- Die letzte Etappe führt von Harrison, wie der Ort von der örtlichen Bevölkerung meist genannt wird, zurück an die Westküste. Wer möchte, unternimmt noch eine Wanderung oder entspannt im Wasser der namensgebenden heißen Quellen, bevor es nach Vancouver geht.

Tag 13: Vancouver

- Wer Zeit hat, sollte nach Rückgabe des RVs noch einige Tage in Vancouver verbringen. Familien mit Kinder sollten unbedingt das Vancouver Aquarium oder Science World besuchen.
- Außerdem ist ein Besuch des kleinen Fischerdorfes Steveston sehr zu empfehlen. Wer gerne Seafood isst, der findet hier genau das Richtige.

15.5 Der Yukon und Alaska

Der Yukon und Alaska, das sind unendliche Weiten, vereinzelter Verkehr und das Sinnbild eines Abenteuers. Die Region ist wie gemacht für einen Urlaub mit dem RV, denn Siedlungen sind in vielen Fällen mehrere hunderte Kilometer voneinander entfernt, und selbst in den Sommermonaten begegnen einem nur vereinzelt andere Fahrzeuge auf der Strecke. Platz gibt es hier zur Genüge, und wer sich für die Natur begeistern kann, der ist hier genau richtig!

Die folgende Route ist unter Reisenden als die „klassische Acht" bekannt, aufgrund der Form, die sich auf der Karte bei genauerer Betrachtung abzeichnet. Sie kann nach Belieben mit verschiedenen Tageszielen und Umwegen erweitert werde. Diese werden im Folgenden kurz erwähnt, jedoch wird auf sie nicht im Detail eingegangen. Gerade bei dieser Route sollte berücksichtigt werden, dass die Distanzen, die es zu überbrücken gibt, um einiges länger ausfallen.

Auch wenn die vorgeschlagenen Etappen sehr lang wirken möchten, soll an dieser Stelle darauf hingewiesen werden, dass es zum einen eine Unzahl von staatlichen Campingplätzen entlang der Straßen gibt und es zum anderen bei einer Reise im Norden des Kontinentes viel mehr um das *road trip feeling* geht als darum, Tagesziele abzuklappern. Der Norden Kanadas und Alaska sind ein besonderes Fleckchen Erde, und im Yukon spricht man vom *spell of the Yukon* (dem Bann des Yukon). Wer einmal hierher kommt, den wird es wieder zurückziehen! Ein Paradebeispiel dafür bin ich selbst. Wem ein aufregendes Stadtleben wichtig ist, der sollte viel lieber den Süden erkunden. Der Yukon und Alaska, das ist Natur pur!

Yukon und Alaska

Streckenlänge: 2862 Kilometer
Dauer: 19 Tage

Whitehorse mit der SS Klondike

Tag 1: Whitehorse

- Whitehorse ist die Hauptstadt des Territoriums. Mit gerade einmal etwa 25.000 Einwohnern eher ein Nest, erwacht die Stadt in den Sommermonaten so richtig zum Leben.
- Urlauber können ihre Reise mit dem RV entweder in Whitehorse, Anchorage oder Fairbanks beginnen. In den Sommermonaten fliegt Condor einmal wöchentlich direkt von Frankfurt nach Whitehorse.
- Die Wilderness City, wie Whitehorse sich selbst nennt, bietet alles, was eine Hauptstadt zu bieten haben muss. Jedoch sollte man sich nicht auf eine vielfältige Shoppingszene freuen. Die Main Street ist gerade einmal einige hundert Meter lang. Dafür gibt es einige historische Sehenswürdigkeiten wie die S.S. Klondike zu entdecken.

Tag 2 und 3: Whitehorse bis Dawson City

- Es geht nach Dawson City, dem Zentrum des Klondike-Goldrausches von 1898. Entlang der Strecke gibt es eine Vielzahl schön gelegener staatlicher Campingplätze, und die Strecke von über 500 Kilometern sollte in zwei Tagen zurückgelegt werden.
- Kurz nach Carmacks besteht Gelegenheit, die berühmten Fiver Finger Rapids zu bestaunen. Außer für eine Pause bietet sich der Aussichtspunkt auch für

einen kleinen Spaziergang, dichter an den Yukon River, an. Die Stromschnellen stellten zu Zeiten des Goldrausches ein schwer zu überwindendes Hindernis für Goldsucher mit ihren Holzbooten und später für die Schaufelraddampfer dar. Wer sich für den falschen Kanal entschied, der riskierte hier sein Leben. Mit etwas Glück entdeckt man hier vielleicht einige Paddler, die auf ihrem Weg von Whitehorse nach Dawson sind.

TIPP: Tombstone Territorial Park

Wer etwas mehr Zeit hat, der sollte einen Tagesausflug zum Tombstone Territorial Park einlegen. Dieser befindet sich etwa 140 Kilometer entfernt von Dawson am berühmten Dempster Highway (siehe Kapitel 17.1)

Tag 4: Dawson City

- Wer nach Dawson City kommt, der fühlt sich in eine andere Zeit zurückversetzt. Die meisten Straßen sind noch immer aus Sand oder Schotter, und die Häuser erinnern an eine alte Westernstadt, doch statt eines Museums findet man hier eine Bevölkerung von etwa 1000 Menschen, die das ganze Jahr über hier leben.
- Zu den Sehenswürdigkeiten Dawsons gehören die Jack London Cabin, Diamond Tooth Gertie's, Kanadas erstes Casino, die Klondike Goldfields und Dredge No. 4. Wer mag, der kann sich hier selbst im Gold schürfen versuchen!

Tag 5: Dawson City bis Tok, Alaska

- Von Dawson geht die Reise weiter über den Top of the World Highway nach Alaska. Die Strecke gehört zu einer der schönsten des Yukon! Die Straße ist nicht geteert und der Grenzübergang zu den USA ist der nördlichste zwischen den beiden Ländern. Ein Großteil der Strecke ist oberhalb der Baumgrenzen und man hat während der Fahrt atemberaubende Ausblicke auf die unendlichen Weiten des Nordens. Nicht selten begegnet man hier Bären oder anderen Tieren.

Tag 6: Tok bis Glennallen

- Der nächste Teil der Reise führt durch den Staat Alaska in den USA. Wie auch im Yukon ticken die Uhren hier etwas langsamer und die Naturgewalten geben den Ton an.
- Von Tok geht es weiter südlich, nach Glennallen. Die Strecke ist landschaftlich sehr reizvoll und wer etwas mehr Zeit mitbringt, der sollte definitiv einen Abstecher nach Valdez machen. Die Kleinstadt liegt am Prince William Sound und besticht durch ihre reizvolle Lage. Bootstouren und Ausflüge mit dem Kajak gehören zu den beliebtesten Aktivitäten!

Tag 7: Glennallen bis Anchorage

- Weiter führt die Reise nach Anchorage, der mit Abstand größten Stadt Alaskas, die fälschlicherweise oft auch für die Hauptstadt des Staates gehalten wird. Zurück in der Zivilisation lohnt sich ein Besuch des Alaska Native Heritage Center.
- Wem etwas mehr Zeit zur Verfügung steht, der sollte unbedingt einige Tage einplanen, um die Kenai-Halbinsel zu besuchen. Kenai, Whittier und Seward gehören zu den beliebtesten Zielen der Halbinsel. Von Whittier aus werden ebenfalls Touren in den Prince William Sound angeboten und Seward ist das Tor zum Kenai Fjords National Park.

Tag 8: Anchorage bis Talkeetna

- Zwei Stunden nördlich von Anchorage liegt Talkeetna, ein kleiner Ort, der für seine *flightseeing*-Touren bekannt ist. Der Ort ist dem höchsten Berg der USA und Nordamerikas, Denali, geografisch näher als der Eingang des Nationalparks. Aus diesem Grund buchen viele Urlauber einen Rundflug von Talkeetna aus. Die meiste Zeit des Jahres ist die Spitze des Berges von Wolken umgeben und die Wetterverhältnisse erlauben nicht immer für einen Flug, so dass man mindestens zwei Tage für den Aufenthalt in Talkeetna oder dem Nationalpark einplanen sollte.

Tag 9: Talkeetna bis Denali National Park and Preserve

- Von Talkeetna aus fährt man weiter bis zum Eingang des Denali National Park and Preserve. Entlang der Strecke geht es vorbei am Chulitna River und über den Broad Pass, die höchste Stelle auf dem Parks Highway. Schließlich erreicht man nördlich von Cantwell den Eingang zum Nationalpark mit seinem Besucherzentrum.

Tag 10 und 11: Denali National Park and Preserve

- Man sollte ein bis zwei Tage für einen Besuch des Denali National Park einplanen. Der Park ist für private Fahrzeuge nur bis Meile 15 zugänglich. Jeder, der weiter hinein möchte, muss dies entweder zu Fuß, mit dem Fahrrad oder einem der Busse des Parks tun.
- Der Park bietet einen Shuttleservice sowie geführte Bustouren an. Angeboten werden die Touren in 5-, 8- und 12-stündiger Länge.

Kluane Lake, Yukon

Tag 12: Denali National Park and Preserve bis Fairbanks

- Auf dem Parks Highway geht es schließlich weiter in Richtung Norden, nach Fairbanks, der zweitgrößten Stadt Alaskas.
- Auf der Strecke kommt man vorbei an Healy, der Kohle-Hauptstadt Alaskas, und Nenana, einer kleinen Ortschaft am südlichen Ufer des gleichnamigen Flusses.

Tag 13: Fairbanks bis Tok

- Langsam geht es zurück in Richtung Kanada. Auf der Strecke kommt man vorbei an North Pole, in dem das ganze Jahr über Weihnachtsstimmung herrscht. Der kleine Ort mag etwas kitschig erscheinen, ist definitiv aber eine Stippvisite wert.
- Weiter geht es nach Delta Junction, dem offiziellen Ende oder Beginn, je nachdem von wo man kommt, des Alaska Highway. Diesem folgt man für die nächsten 795 Kilometer bis zum Ende der Reise nach Whitehorse!

Tag 14: Tok bis Beaver Creek

- Von Tok geht es zurück nach Kanada in die nordwestlichste Gemeinde des Landes: Beaver Creek. Von der Grenze der USA bis zum Grenzposten Kanadas in Beaver Creek sind es etwa 35 Kilometer, die man im „Niemandsland“ fährt.

Tag 15: Beaver Creek bis Haines Junction

- Die Reise führt weiter von Beaver Creek nach Haines Junction, dem Tor zum Kluane National Park. Entlang der Strecke kommt man vorbei am größten See des Territoriums, Kluane Lake, und überquert das Slims River Valley.
- Am südlichen Ufer des Sees, ebenso wie in Haines Junction, gibt es einige Anbieter, die Rundflüge über die Kluane Icefields, anbieten. Ein unvergessliches Erlebnis, bei dem man mit etwas Glück auch einen Blick auf Mount Logan, Kanadas höchsten Berg, erhaschen kann.

Tag 16: Haines Junction

- Haines Junction ist der perfekte Ausgangsort für alle, die gern wandern. Bevor man sich auf einen der Wanderwege begibt, sollte man dem *visitor information centre* in jedem Fall ein Besuch abstatteten.
- Der Nationalpark hat aufgrund seiner natürlichen Gegebenheiten eine ausgesprochen hohe Dichte an Grizzly- und Schwarzbären. Wer wandern möchte, sollte immer mit mehreren Menschen wandern und Bärenspray mit sich führen. Es kommt nur sehr selten zu Zwischenfällen, aber manchmal werden Wanderwege für die Öffentlichkeit gesperrt und diese Sperrungen sollten nicht missachtet werden!

Ein Schwarzbär am Straßenrand

TIPP: Bärenbegegnung
Mehr Informationen zum Thema Bärensicherheit gibt es im Anhang!

Tag 17: Haines Junction

- Um voll in den Genuss des Parks zu kommen, sollten mindesten zwei Tage in der Umgebung von Haines Junction verbracht werden.
- Wer etwas mehr Zeit bringt, der mag einen Umweg über Haines, Alaska, und Skagway, Alaska, zurück nach Whitehorse in Erwägung ziehen. Der sogenannte Golden Circle gehört zu einem der Highlights jeder Yukon- und Alaska-Reise.

Tag 18: Haines Junction bis Whitehorse

- Von Haines Junction geht es zurück nach Whitehorse. Wer möchte, besucht abschließend noch Miles Canyon oder das Yukon Wildlife Preserve.
- Als Tagesziel lohnt sich auch ein Besuch der kleinen Gemeinde Carcross, nur eine gute Stunde südlich von Whitehorse.
- Wem etwas mehr Zeit zur Verfügung steht, der mag vielleicht auch einen Besuch des kleinen Hafenortes Skagway in Alaska in Erwägung ziehen. Reicht die Zeit nicht für einen Umweg über den Golden Circle, sollte man sich wenigstens Skagway nicht entgehen lassen. Der Ort ist in den Sommermonaten sehr geschäftig und von Kreuzfahrttouristen überflutet, aber wer sich für die Geschichte des Goldrausches interessiert, darf sich einen Besuch nicht entgehen lassen!

Tag 19: Whitehorse

- Wer mag, verbringt noch einen oder zwei Tage in Whitehorse nach der Rückgabe seines Wohnmobils. Ein Tagesausflug auf dem Yukon River ist sehr zu empfehlen!
- Und wer nicht direkt von Whitehorse zurück nach Frankfurt fliegt, der reist im Regelfall über Vancouver nach Hause und sollte hier unbedingt noch ein paar Tage einplanen. Vancouver eignet sich auch hervorragend als Städtedestination.

Route: Yukon und Alaska

Tag	Tagesetappe	Distanz (in km)
1	Whitehorse	-
2 & 3	Whitehorse bis Dawson City	532
4	Dawson City	-
5	Dawson City bis Tok	301
6	Tok bis Glennallen	225
7	Glennallen bis Anchorage	288
8	Anchorage bis Talkeetna	180
9	Talkeetna bis Denali National Park and Preserve	200
10 & 11	Denali National Park and Preserve	-
12	Denali National Park and Preserve bis Fairbanks	190
13	Fairbanks bis Tok	325
14	Tok bis Beaver Creek	176
15	Beaver Creek bis Haines Junction	291
16	Haines Junction	-
17	Haines Junction	-
18	Haines Junction bis Whitehorse	154
19	Whitehorse	-

16. Routen abseits der Touristenpfade

Waterton Lakes National Park, Alberta

16. Routen abseits der Touristenpfade

Wer abseits der alt bekannten Touristenpfade reisen möchte, kann an dieser Stelle vielleicht noch die eine oder andere Inspiration finden. Die folgenden zwei Zielgebiete gehören mit Sicherheit nicht zu den beliebtesten Destinationen innerhalb des Landes, sollten jedoch auch nicht stiefmütterlich behandelt werden. Sowohl die Prärien als auch der hohen Norden Kanadas haben viel zu bieten!

Im Folgenden werden beispielhafte Reiserouten aufgezeigt, jedoch werden die verschiedenen Tagesetappen nicht ausführlich vorgestellt, sondern es werden Sehenswürdigkeiten und Ortschaften entlang der Strecke aufgelistet. Einige der Punkte können definitiv auch in die eine oder andere klassische Reiseroute eingearbeitet werden. Wer offen für Neues ist, der ist hier genau richtig!

16.1 Die Prärien

Von Calgary oder Edmonton aus muss es nicht immer in die Rocky Mountains gehen. Wie wäre es mal mit einem Urlaub in den Prärien Kanadas? Endlose Weiten bestimmten das Landschaftsbild und man kann sich sicher sein, dass man den Horizont nicht aus den Augen verliert! Saskatchewan wird nicht ohne Grund „*land of the living skies*“ genannt. In den Sommermonaten kann man Gewitter schon von Weitem anrollen sehen. Die Sonnenuntergänge sind einzigartig und das Gefühl von Freiheit unbeschreiblich! Städte und Natur wechseln sich auf dieser Strecke ab und bieten so ein vielseitiges Programm. Wer auf der Suche nach einem etwas anderen Urlaub ist, der ist hier genau richtig. Die Prärien sind wie gemacht für einen Urlaub mit dem RV!

Endlose Weiten in den Prärien, Alberta

Die Prärien

Streckenlänge: ca. 2500 Kilometer
Dauer: etwa 14 Tage

Highlights entlang der Strecke:

- Calgary (Calgary Tower, Bow River)
- Edmonton (Alberta Legislature Building, West Edmonton Mall, River Valley)
- Elk Island National Park
- Saskatoon
- La Reata Ranch
- Regina (RCMP Heritage Centre)
- Grasslands National Park
- Cypress Hills Interprovincial Park
- Head-Smashed-In Buffalo Jump
- Waterton Lakes National Park
- Badlands
- Drumheller (Royal Tyrrell Museum, Hoodoos)

Hoodos, Drumheller, Alberta

16.2 Die Northwest Territories

Sambaa Deh Falls, NWT

Wer es noch wilder möchte als im Yukon und Alaska, der sollte die Northwest Territories besuchen! Das Territorium lebt vor allem vom Wintertourismus, und die Hauptstadt Yellowknife nennt sich selbst *Aurora Capital of the World*.

Wer Menschenmassen meiden möchte und auf der Suche nach abgelegenen Campingplätzen ist, der ist hier genau richtig. Touristisch ist das Territorium nicht wirklich gänzlich erschlossen, und man sollte sich auf längere *gravel road*-Strecken einstellen. Am besten eignet sich für ein solches Abenteuer ein Truck Camper. Die Landschaft ist nicht ganz so abwechslungsreich wie im westlichen Nachbarterritorium, aber wer Einsamkeit während seines Campingurlaubs wertschätz und sucht, der wird nicht enttäuscht.

Für kurze Zeit gab es eine Vermietstation in Yellowknife, die Einwegmieten zwischen Whitehorse und Yellowknife sowie zwischen Edmonton und Yellowknife anbot, doch mittlerweile gibt es diese Option nicht mehr. Man kann die Northwest Territories entweder von Whitehorse oder Edmonton aus besuchen, muss seinen RV jedoch am selben Standort zurückgeben.

Einziger Nachteil eines Besuchs in Yellowknife? Die Hauptstadt liegt am Ende der Straße und eine Distanz von 315 Kilometer muss zweimal auf demselben Wege zurückgelegt werden. Die folgenden Empfehlungen basieren auf einer Miete von Edmonton aus. Diese verkürzt die Gesamtstrecke um gute 1000 Kilometer.

Die Northwest Territories

Streckenlänge: etwa 3500 Kilometer
Dauer: etwa 20 Tage

Highlights entlang der Strecke:

- Edmonton (Rogers Place, River Valley, Elk Island National Park)
- Dawson Creek (Mile „0“ des Alaska Highway)
- Fort Nelson
- Fort Simpson (Rundflug über dem Nahanni National Park)
- Sambaa Deh Falls Territorial Park
- Yellowknife
- Großer Sklavensee
- Hay River Territorial Park
- Wood Buffalo National Park

Sonnenuntergang auf dem Weg nach Yellowknife, NWT

17. Offroad-Routen

Für Fortgeschrittene: der Liard Highway

17. Offroad-Routen

Zu guter Letzt sollen noch zwei Offroad-Routen vorgestellt werden: der Dempster Highway und der Liard Trail. Beide lassen sich am besten mit einer der in den vorherigen Kapiteln erwähnten Routen verbinden oder ergänzen.

Tombstone Territorial Park, Yukon

17.1. Dempster Highway

Der Dempster Highway ist die einzige Straße Kanadas, die das ganze Jahr befahrbar ist und über den Polarkreis führt. Auf einer Länge von 740 Kilometern bietet sich eine atemberaubende Landschaft. 40 Kilometer südlich von Dawson City beginnt die Reise. Der Highway führt vorbei am Tombstone Territorial Park, windet sich durch zwei Bergregionen, die Ogilvie und Richardson Mountain Rages, und passiert die *continental divide* dreimal, bevor man Inuvik in den Northwest Territories erreicht.

Seit 2017 besteht die Möglichkeit, die Reise fortzusetzen. Der Inuvik-Tuktoyaktuk Highway verbindet Tuktoyaktuk (kurz Tuk) mit Inuvik. Diese Verkehrsverbindung bestand bisher nur in den Wintermonaten, wenn Fahrzeuge auf einer *ice road* fahren konnten. Mittlerweile ist der Highway fertiggestellt und die erste Allwetterstraße, die an Kanadas arktische Küste führt. Mit etwas Glück entdeckt man entlang der Strecke auch den einen oder anderen Bären.

Der Dempster wird dauerhaft instand gehalten. Jedoch sollte man vor Beginn des Abenteuers die aktuellen Straßenbedingungen überprüfen und sicherstellen, dass keine sturzbachartigen Regenfälle vorhergesagt sind. Eine Fahrt auf dem Highway ist nur dann zu empfehlen, wenn die Bedingungen es auch erlauben! Reisende sollten darauf vorbereitet sein, dass es zu Steinschlägen auf der Windschutzscheibe durch entgegenkommenden Verkehr kommen kann, ebenso sind platte Reifen nicht untypisch für den Highway. Die beste Reisezeit ist vermutlich Mitte bis Ende August, denn mit etwas Glück haben die Herbstfarben in der Tundra bereits eingesetzt und sorgen für ein spektakuläres Farbenspiel!

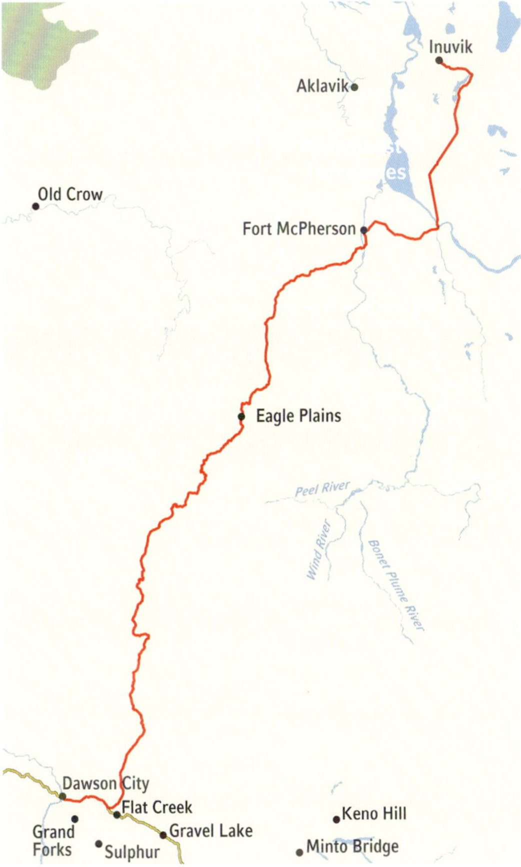

Mit etwas Glück entdeckt man auch mal einen Elch

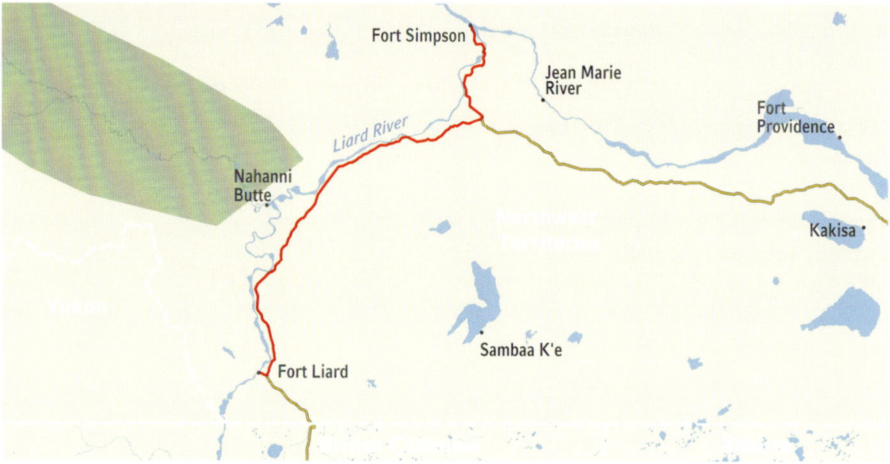

17.2. Liard Trail

Der Liard Trail erstreckt sich offiziell über eine Distanz von etwa 252 Kilometern. Er beginnt an der Grenze zu British Columbia und endet am MacKenzie Highway etwa 65 Kilometer südlich von Fort Simpson. Wer mit dem RV unterwegs ist kommt entweder aus Richtung Süden (Fort Nelson) oder Norden (Yellowknife). Bevor man Fort Nelson hinter sich lässt, sollte sichergestellt werden, dass der Tank voll ist. Von hier sind es 166 Kilometer bis zur Grenze zu den Northwest Territories. Dieser Teil ist noch geteert, danach beginnt eine gut Instand gehaltene *gravel road.* Zu schnell sollte man hier jedoch nicht fahren.

Im Gegensatz zu anderen Straßen in Nordamerika ist der Abstand zwischen Wald und Straße nicht sehr groß und eher mit europäischen Standards zu vergleichen. Aus diesem Grund sollte man besonders auf Wild achten, das die Straße ohne Vorwarnung kreuzen kann. Die Landschaft ist nicht sehr abwechslungsreich, aber wer auf der Suche nach einem Abenteuer ist, der ist hier genau richtig. Die nächste Gemeinde auf der Fahrt ist Fort Liard und auch hier sollte man nochmals den Tank auffüllen, denn die nächste Tankstelle ist gute 280 Kilometer entfernt in Fort Simpson.

Entlang der Strecke besteht die Möglichkeit im Blackstone Territorial Park zu übernachten. Diese Option sollte man sich nicht entgehen lassen, denn die nächsten Campingplätze sind etwa 160 Kilometer (Fort Simpson) und 195 Kilometer (Sambaa Deh Falls Park) entfernt. Für einige Zeit gab es an der Kreuzung des Liard Trails und MacKenzie Highway eine Tankstelle. Diese scheint jedoch schon längere Zeit geschlossen zu sein. Für wen die Reise weiter in Richtung Osten gehen soll, der sollte zunächst Fort Simpson eine Stippvisite abstatten und auftanken, denn die nächste Tankstelle ist nochmal 250 Kilometer entfernt. Auf dem Weg nach Fort Simpson wird mit einer Fähre der mächtige MacKenzie River überquert.

Während der Dempster Highway mittlerweile zu den bekannteren „Geheimtipps“ gehört, ist der Liard Trail noch immer sehr einsam. Handyempfang gibt es hier, wie auch auf dem Dempster, nicht. Wer plant, mehrere Tage in der Wildnis des Nordens zu verbringen, sollte sich überlegen, ein Satellitentelefon für den Fall der Fälle zu mieten. Bei einer Panne ist man auf dem Liard Trail ansonsten ziemlich auf sich allein gestellt und kann so manches Mal lange warten, bis das nächste Fahrzeug vorbeikommt. Vor Antritt der Reise sollten auch hier die Straßenbedingungen geprüft werden und der Highway nur unter guten Bedingungen befahren werden. Sobald es regnet, wird die lehmige Oberfläche ganz schnell zu einer Rutschpartie. Auch für den Liard Trail empfiehlt sich ein Truck Camper.

Dempster Highwas und Liard Trail

Der Liard Trail ist sicherlich nichts für Anfänger, die noch wenig Erfahrung in Kanadas Wildnis haben. Wer auf der Suche nach unberührter Natur ist, ist besser im Yukon und in Alaska aufgehoben. Wem dann der Sinn nach Abenteuer steht, der sollte zunächst den Dempster in Angriff nehmen. Dieser ist mehr befahren und mit Abstand abwechslungsreicher und eindrucksvoller als der Liard Trail.

Truck Camper auf dem Liard Trail

Traumhafte Szenerie, anspruchsvolle Strecke

Teil 5
Der Anhang – Auf einen Blick

I. Camping ABC

Fahrzeug

Alkove	Überhang über der Fahrerkabine eines RVs, in dem sich eine Schlafmöglichkeit befindet.
black water	Abwasser der Toilette eines RVs
Dinette	Essbereich im Fahrzeug, der sich in den meisten Fälle in ein Bett verwandeln lässt.
fresh water hook-up	Frischwasseranschluss
Generator	In einigen RVs ist ein Generator vorhanden, dieser generiert mithilfe von Benzin 110-V-Strom.
grey water	Abwasser aller Abflüsse eines RVs (Dusche, Waschbecken in Bad und Küche) ausgenommen der Toilette
holding tanks	Ein RV hat grundsätzlich drei *holding tanks*: den Frischwasser-, Grauwasser- und Schwarzwassertank.
pilot flame	Wärmequelle, die das Propan im Ofen eines RVs entzündet. Zunächst muss die Pilotflamme angezündet werden, und nachdem etwas Wärme entstanden ist, springt diese auf das im Ofen fließende Gas um.
parking break	Parkbremse, die „Handbremse" des RV
peak season	Hochsaison, die Zeit, in der die meisten Touristen unterwegs sind.
RV	Abkürzung für *recreational vehicle*, sinngemäß Erholungsfahrzeug

Miete/Kauf

Craiglist	beliebte Internetseite in Nordamerika, auf der gebrauchte Gegenstände, Fahrzeuge etc. verkauft und Wohnungen angeboten werden.
GST	Abkürzung für *goods and services tax.* Die GST wird in Kanada grundsätzlich am Ende eines Einkaufes auf den Gesamtpreis berechnet. Außerdem gibt es noch die PST (*provincial sales tax*), die gemeinsam mit der GST die HST (*harmonized sales tax*) bildet
Kijiji	beliebte Internetseite in Nordamerika, auf der gebrauchte Gegenstände, Fahrzeuge etc. verkauft und Wohnungen angeboten werden.

Fahren/Campen

discovery pass	Jahrespass von Parks Canada, der den kostenfreien Zugang zu den meisten Nationalparks inkludiert.
dump station	Abwasserstation für RVs
gas	Benzin, nicht zu verwechseln mit dem deutschen „Gas". An Tankstellen wird häufig zwischen *regular* und *supreme* unterschieden.
KOA (Kampgrounds of America)	Campingplatzkette, ursprünglich aus den USA
propane	Propan, notwendig um Herd, Ofen, Heizung und Kühlschrank der meisten Fahrzeuge zu betreiben
pull-through	Campingplatz zum Durchfahren. Diese sind insbesondere für größere Fahrzeuge gedacht, um ein Rückwärtseinparken zu vermeiden.
roadside assistance	Abschleppdienst, Pannenhilfe
(VIC) visitor information centre	Besucherzentrum
wild camping	bezeichnet eine Form des Campings an dem an einem beliebigen Ort in der Natur übernachtet wird, der kein Campingplatz, Parkplatz oder Sonstiges ist

II. Nützliche Internetseiten

Reisetipps und Länderinformationen rund um Kanada

Auswärtiges Amt	www.auswaertiges-amt.de/de/aussenpolitik/laender/kanada-node
Government of Canada, Electronic Travel Authorization (eTA)	www.cic.gc.ca/english/visit/eta.asp
Destination Canada	de-keepexploring.canada.travel
Der Kanadaspezialist	www.kanadaspezialist.com
360° Kanada	www.360grad-kanada.de

Automobilclubs

Allgemeiner Deutscher Automobil-Club (ADAC)	www.adac.de
Canadian Automobile Association (CAA)	www.caa.ca

Notfallnummern

In Kanada erreicht man die Polizei (RCMP oder *police*), Feuerwehr (*fire department*) oder den Krankenwagen (*ambulance* oder EMS) in dem man die Nummer 911 mit dem Telefon wählt. Gerade in den nördlichen Regionen kann es jedoch an einigen Stellen vorkommen, dass ein Schild am Straßenrand darauf hinweist, dass man das Deckungsgebiet des Notfalldienstes verlässt.

Es ist ebenfalls möglich, dass das eigene Telefon während des Urlaubs keinen Empfang hat. Kommt es zu einem Zwischenfall, sollte man umgehend Zugang zu einem Mobiltelefon oder Festnetzanschluss suchen. Gerade in den abgelegeneren Gebieten sind Telefonzellen noch immer allgegenwärtig.

In größeren Städten kann man zudem unter 311 Hilfe erreichen, wenn es sich um einen Zwischenfall handelt, der kein Notfall ist.

Wetterbedingungen

Das Wetter kann in Kanada genauso unbeständig sein wie in Europa, und auch im Urlaub sollte man auf Regen vorbereitet sein. Der Wetterbericht in Kanada ist auch nicht zuverlässiger als in Deutschland, und aus diesem Grund empfiehlt es sich diesen nur wenige Tage im Voraus zu prüfen.

Auf der Reise kann man sich im örtlichen Besucherzentrum über das Wetter der nächsten Tage informieren. Auch die meisten Campingplätze haben einen Aushang mit der aktuellen Wettervorhersage am schwarzen Brett.

Je nach Zielgebiet innerhalb des Landes können die Temperaturen in den Sommermonaten zwischen 15 und 40 Grad Celsius liegen. Vor allem im Südwesten des Landes kann es durch mangelnde Regenfälle und Hitzewellen zu Waldbränden kommen. Informationen über Waldbrandgefahren und akute Waldbrände erhält man vor Ort in den Besucherzentren oder online.

Die kanadische Regierung veröffentlicht auf ihrer Internetseite das aktuelle Wetter sowie akute Unwetterwarnungen. Besucher der Seite können das Wetter für die verschiedenen Provinzen und einzelnen Regionen aufrufen.

Government of Canada, Weather	weather.gc.ca/mainmenu/ weather_menu_e.html
The Weather Network	www.theweathernetwork.com/ca

Straßenbedingungen

Alberta	511.alberta.ca
British Columbia	www.drivebc.com/mobile/map/index.html#
Manitoba	www.manitoba511.ca/en.
New Brunswick	www2.gnb.ca/content/gnb/en/departments/dti/ highways_roads/content/511.html
Newfoundland & Labrador	www.roads.gov.nl.ca
Northwest Territories	www.dot.gov.nt.ca/Highways/Highway-Conditions
Nova Scotia	511.novascotia.ca/en/index.html
Ontario	www.mto.gov.on.ca/english/traveller/trip
Prince Edward Island	511.gov.pe.ca/en/map_report.html
Québec	www.quebec511.info/en/Default.aspx
Saskatchewan	otline.gov.sk.ca/map.html
Yukon	www.511yukon.ca/en/

III. Übersicht Vermieter

Vermieter	Web	Standorte
Canadream	de.canadream.com	Calgary, Edmonton, Halifax, Montréal, Toronto, Vancouver, Whitehorse
Cruise Canada	www.cruisecanada.com	Calgary, Vancouver (Delta), Halifax, Toronto (Bolton), Montréal (Sainte-Rose)
Four Seasons RV	www.fourseasonsrvrentals.ca	Vancouver (Abbotsford), Edmonton (Leduc), Calgary, Toronto, Halifax
Fraserway RV	www.fraserway.com	Vancouver (Delta), Edmonton (Leduc), Calgary, Whitehorse, Toronto, Halifax
Go North	gonorth-alaska.com/ car-and-rv-rental	Anchorage, Fairbanks, Seattle, Whitehorse
Happy Holidays Motorhomes	happyholidaysmotorhome.com	Vancouver (Gibsons)
Hastings Overland	www.hastingsoverland.com	Vancouver
Islander RV	islanderrv.com	St. John's
Meridian RV	www.meridianrv.com	Vancouver (Port Coquitlam)
Motorhome Travel	www.motorhometravel.com	Toronto (Bolton)
Owasco RV	owascorv.com	Toronto (Whitby)
Traveland RV	www.travelandrvcanada.com	Vancouver (Langley)
Westcoast Mountain Campers	wcmcampers.com	Vancouver, Whitehorse, Toronto, Halifax, Calgary, Edmonton, Montréal

IV. Reiseveranstalter

Schwerpunkt Kanada und Wohnmobilresen

Vermieter	Web	Standorte	Buchung
America Unlimited	www.america-unlimited.de	Hannover	Online, Telefon
Canada Dream Tours	www.kanadareise.de		Online, Telefon
Canadareisen.at	www.canadareisen.at		Online, Telefon
CANUSA	www.canusa.de	Hamburg, Berlin, Hannover, Köln, Frankfurt, Stutt-gart, München	Online, Telefon
Camperboerse	www.camperboerse.de		Online
CRD	www.crd.de	Hamburg	Online, Telefon
CU Camper	www.cu-camper.com/de		Online, Telefon
Fasten Your Seatbelts	kanadareisen.de		Online, Telefon
SK Touristik	www.sktouristik.de	Senden-Bösensell	Online, Telefon
Trans Canada Touristik	www.trans-canada-touristik.de		Online, Telefon

Weitere Reiseveranstalter

Vermieter	Web	Buchung
ADAC Reisen	www.adacreisen.de	Online
TUI Camper	www.tuicamper.com	Online

V. Campingmöglichkeiten

Landesweite Campingplatzketten

Kampgrounds of America (KOA)	koa.com/campgrounds

Campingplatz-Verzeichnisse

Allgemein

Go RVing	gorving.ca/campgrounds
Good Sam	www.goodsam.com/campgrounds-rv-parks
Camping Canada Campground Directory	www.camping-canada.com

Provinzen und Territorien

Alberta	Alberta Campground Guide	www.albertacampgroundguide.ca/campgrounds
British Columbia	Camping & RV in BC	www.campingrvbc.com/camping
Nova Scotia	The Campground Owners Association of Nova Scotia (COANS)	www.campingnovascotia.com
Ontario	Camping in Ontario	www.campinginontario.ca/campgrounds
Québec	Camping Québec	www.campingquebec.com/en/find-a-campground
Manitoba	Go RVing Manitoba	www.macap.ca/campgrounds/
New Brunswick	Tourism Newbrunswick	www.tourismnewbrunswick.ca/Stay/FindCampgrounds.aspx?allItems=true&searchPosition=24
Newfoundland & Labrador	Go RVing – Newfoundland & Labrador RV Parks and Campgrounds	gorving.ca/campgrounds/campgrounds-newfoundland-labrador/
Prince Edward Island	Go RVing – Prince Edward Island RV Parks and Campgrounds	gorving.ca/campgrounds/campgrounds-prince-edward-island/
Saskatchewan	Go RVing – Saskatchewan RV Parks and Campgrounds	gorving.ca/campgrounds/campgrounds-saskatchewan/

Nationalparks & Staatliche Campingplätze

Parks Canada	Parks Canada Reservation Service	reservation.pc.gc.ca/ParksCanada
Alberta	Alberta Parks Camping	ww.albertaparks.ca/albertaparks-ca/visit-our-parks/camping
British Columbia	BC Parks	www.env.gov.bc.ca/bcparks/explore/map.html
Manitoba	Travel Manitoba – Campgrounds & RV Parks	www.travelmanitoba.com/where-to-stay/campgrounds-rv-parks
Newfoundland & Labrador	Campgrounds & Parks	www.newfoundlandlabrador.com/plan-and-book/campgrounds
Northwest Territories	Northwest Territories Parks	nwtparks.ca/campgrounds
Nova Scotia	Nova Scotia Provincial Parks	parks.novascotia.ca
Ontario	Ontario Parks Reservation Service	reservations.ontarioparks.com/OntarioParks?Map
Prince Edward Island	Tourism PEI	www.tourismpei.com/pei-provincial-parks
Saskatchewan	Tourism Saskatchewan – Saskatchewan Parks	www.tourismsaskatchewan.com/places-to-go/provincial-parks/our-parks?
Yukon	Yukon Camping and wilderness	www.env.gov.yk.ca/publications-maps/brochures.php#campingwilderness

Camping App

Eine beliebte App für Camper in Kanada ist *WikiCamps Canada*. Die App wird durch Informationen von Nutzern ständig aktualisiert und erweitert und ist zudem auch ohne bestehende Internetverbindung nutzbar. Nutzer können Campingplätze, Bilder oder andere hilfreiche Informationen hinzufügen und so das Netzwerk an bestehenden Campingplätzen ständig erweitern.

Gerade für Reisende aus Europa ist die App ideal, da sich alle Informationen vor Antritt der Reise herunterladen lassen und so auch offline verfügbar sind. Nutzer erhalten in der App Informationen über *RV parks*, *rest areas*, kostenlose und gebührenpflichtige Campingplätze sowie Sehenswürdigkeiten entlang der Strecke.

VI. Packliste

Reiseunterlagen

- Reisepass (mindestens noch sechs Monate nach Rückreisedatum gültig)
- eTA (electronic travel authorization)
- Flugtickets
- EU-Führerschein (plus internationaler Führerschein, dieser wird nicht von allen Stationen verlangt, nachfragen lohnt sich!)
- Impfpass
- Auslandsreisekrankenversicherung
- Kreditkarte(n) (Visa und MasterCard sind die gängigsten Kreditkarten in Kanada)
- Buchungsbestätigungen (Hotel, Mietfahrzeug etc.)
- Kontaktinformationen (Hotel, Vermieter, Reiseversicherung, Bank etc.)
- Kopien aller wichtigen Reisedokumente (an einem anderen Ort aufbewahren als die Originale)
- Ein wenig Bargeld in der ausländischen Währung (beispielsweise für Snacks am Flughafen etc.)

Handgepäck

- Reiseunterlagen (siehe oben)
- Handy (je nach Region und deutschem Anbieter ist eine kanadische SIM-Karte sinnvoll, wenn Anrufe geplant sind und nicht nur das offene WLAN genutzt werden soll)
- Bücher, Musik
- Kopfhörer, alle Ladegeräte, Adapter (!)
- Powerbank
- Laptop, Kamera
- Sonnenbrille
- Für Brillen- & Kontaktlinsenträger: Brillenetui, Kontaktlinsencase
- Ein Set Wechselkleidung (im Fall, dass die Koffer nicht am Zielflughafen ankommen)

Persönliche Ausrüstung

- Koffer/Reisetasche
- Kleiner Rucksack (für Handgepäck sowie Tagesausflüge/-wanderungen)
- Warme Kleidung
- Eine dünne Regen-/Windjacke
- Badesachen (Badehose, Bikini, Badeanzug, Strandhandtuch)

- Handtücher (mit dem Vermieter prüfen, ob diese ggf. in der Ausstattung enthalten sind, das spart Platz im Koffer)
- Sandalen oder Flipflops (nicht nur für den Strand, auch für Duschen auf dem Campingplatz)
- Bequeme Schuhe für die Stadt
- Festeres Schuhwerk für Spaziergänge und Wanderungen
- Multifunktionstuch/Schlauchtuch (gegen verschiedenste Wetterbedingungen)
- Bequeme Kleidung/Sportkleidung für Aktivitäten
- Warme Pullover/Kapuzenpulli für Abende am Lagerfeuer
- Funktionswäsche, falls es kalt wird
- Socken
- Unterwäsche
- T-Shirts
- Kurze und lange Hosen
- Taschenlampe/Stirnlampe
- Schreibsachen (einige Stifte, Papier)
- Persönliche Hygieneartikel

Reiseapotheke

Es ist um einiges einfacher, die wichtigsten Bestandteile der Reiseapotheke aus Europa mitzubringen. Medikamente sind in Nordamerika manchmal unter anderen Namen erhältlich und nicht auf Anhieb zu finden.

- Lippenpflegestift
- Sonnencreme
- Handcreme, Bodylotion
- Mückenabwehr, etwas gegen Insektenstiche
- Wund- und Heilsalbe
- Pflaster und/oder kleines Reise Erste-Hilfe-Set (Binden, Bandagen, Pflaster etc.)
- Leichte Schmerzmittel (zum Beispiel gegen Kopfschmerzen)
- Persönliche Medikamente

VII. Individuelle Camperausstattung

Je nach Vermieter variiert die Grundausstattung der Fahrzeuge etwas. Die folgenden Bestandteile sind jedoch grundsätzlich vorhanden oder sollten vor Antritt der Reise gekauft werden.

Grundausstattung

- Töpfe, Pfannen, Wasserkessel
- Rührschüsseln, Schüsseln, Messbecher
- Besteck, Geschirr, Gläser
- Kochlöffel. Suppenkelle
- Schneidebrett, scharfes Messer
- Teekanne, Thermoskanne
- Salatschleuder
- Sparschäler
- Dosenöffner, Korkenzieher
- Aufbewahrungsboxen
- Spülmittel, Spülschwamm, Spülbürste, Geschirrtücher
- Besen, Kehrblech
- Putzeimer, Putzlappen
- Mülleimer
- Feuerzeug
- Wasserschlauch
- Chemikalien für Toilette
- Schraubenzieher, Hammer
- Taschenlampe

Offroad-Ausstattung

- Ersatzreifen, Reifenheber
- Satellitentelefon (für nördliche Gebiete), können im Zielgebiet oftmals gemietet werden.
- *leveling blocks* (Unterlegkeile)

Persönliche Ausstattung

- Bettwäsche, Spannbettuch
- Handtücher, Duschtücher
- Schlafsack
- Wolldecke

VIII. Einkaufsliste

Viele Vermieter verfügen an der Station über ein Regal, in dem Reisende ihre übrig gebliebenen Lebensmittel für die nächsten Urlauber hinterlassen können. In der Regel werden frische Lebensmittel umgehend entsorgt, aber hier kann man ab und zu richtig Glück haben. Von Büchern, die nicht mit zurück in die Heimat geflogen werden sollen, über kleine Kugelgrills, Alufolie oder Gewürze kann man hier so manche essenzielle Campingbestandteile finden!

Je nach Umfang des Ausstattungspakets des Vermieters sind einige der folgenden Gegenstände bereits im Wohnmobil vorhanden. Die Liste soll nur als Leitfaden für den ersten Einkauf dienen.

Lebensmittel

- Gewürze, inklusive Salz und Pfeffer
- Toastbrot, Bagels oder andere Backwaren
- Brotaufstrich
- Nudeln
- Kartoffeln
- Zwiebeln
- Dosengemüse
- Frisches Obst und Gemüse
- Getränke
- Snacks für die Fahrt
- Ein oder zwei Dosenmahlzeiten (Wenn man abends mal keine Lust mehr hat zu kochen)
- Fleisch oder Würstchen für den Grill
- Schokolade, Marshmallows und Butterkekse für S'Mores! (Ein beliebter Lagerfeuersnack in Nordamerika)

Drogerie

- Sonnencreme
- Mückenspray und After Bite
- Duschgel, Shampoo, Zahnpasta etc.
- Taschentücher (am besten aus Europa mitbringen, Tempos gibt es in Kanada nicht und die gängigen Kleenex sind sehr dünnlagig)

Weiteres Zubehör

- Adapter für elektronische Geräte (am besten schon aus Europa mitbringen)
- Feuerzeug oder Streichhölzer
- Geschirrtücher, Waschlappen, Spülmittel, Schwamm
- Müllbeutel
- Alufolie
- Toilettenpapier (hier bitte nur dünnlagiges/zweilagiges Toilettenpapier kaufen)
- Chemikalien für die Toilette (am besten direkt beim Vermieter kaufen)
- Küchenrolle
- Bärenspray (wer plant, viel zu wandern)
- Angellizenz, Angel und Köder (bait)
- Campingstühle
- Und alles was man noch so gerne auf seinem Campingurlaub dabei hat!

IX. Wildlife Viewing und Einmaleins für Bärenbegegnungen

Tierbeobachtungen sind mit Sicherheit eine der liebsten Aktivitäten von Kanada-Reisenden. Wer sich für einen Wohnmobilurlaub entscheidet, der hat gute Chancen auf seiner Reise, je nach Zielgebiet, dem ein oder anderen Reh, Elch, Dall-Schaf, Stachelschwein, Fuchs, Koyoten, Schwarz- oder Grizzlybären zu begegnen. Jedoch gibt es einige Dinge, die unbedingt beachtet werden sollten!

1. Dem Tier Platz lassen!

Egal ob Rehwild, Bär oder Stachelschwein, wer am Straßenrand plötzlich etwas entdeckt, kann nicht einfach direkt neben dem Tier stehen bleiben, geschweige denn aussteigen! Es handelt sich hierbei um wilde Tiere, die nicht in Bedrängnis gebracht werden dürfen. Wer den Tieren zu nahe kommt, insbesondere am Straßenrand, riskiert sein eigenes Leben, das Leben des Tiers und anderer Verkehrsteilnehmer. Tiere dürfen immer nur aus sicherer Entfernung beobachtet werden. Anhalten sollte man nur an geeigneter Stelle und mit großzügigem Abstand zum Tier und wenn keine anderen Verkehrsteilnehmer in Gefahr gebracht werden. Bitte den Blinker setzen!

Häufig sieht man Reisende, die entweder überhaupt kein Lichtsignal setzen oder Warnlichter einschalten. Dies verärgert *locals* ungemein. Warnblinker sollten nur dann gesetzt werden, wenn es eine Panne oder einen Notfall gibt und Hilfe benötigt wird!

Gerade in der Hochsaison sieht man oft Autos, Wohnmobile und andere Fahrzeuge unbedacht am Straßenrand Schlangen bilden, sobald ein Tier in der Böschung gesichtet wurde. Diese Situationen sollten unbedingt vermieden werden, und wer dem Tier einen Gefallen tun möchte, der fährt weiter! Es kommt sicherlich noch das eine oder andere Fotomotiv vorbeigelaufen!

2. Kein Sicherheitsrisiko eingehen!

Kein Fotomotiv, Facebook post oder Instagram story ist es wert, das man sich und andere in Gefahr bringt! Auch wenn das Stachelschwein am Straßenrand vielleicht ganz harmlos aussieht und der Bär gemütlich Löwenzahn frisst, ist das keine Grund aus dem Fahrzeug auszusteigen, nur um einen „besseren Blick“ zu erhaschen. Es handelt sich hierbei immer noch um wilde Tiere, die, wenn sie sich bedrängt fühlen, angreifen. Dies schadet nicht nur dem beteiligten Beobachter, sondern auch dem Tier im Nachhinein.

Hinweisschilder bitte ernst nehmen!

Jedes Jahr kommt es zu Begegnungen zwischen Mensch und Tier, die durch richtige Verhaltensweisen des Menschen hätten vermieden werden können. Diese Begegnungen sind es, die am Ende dafür sorgen, dass das Tier von *conservation officers* „beseitigt“ werden muss. Denn unglücklicherweise ziehen die Tiere in diesen Fällen immer den Kürzeren. Natürlich gibt es auch Zwischenfälle mit Tieren, die nicht durch den Menschen ausgelöst wurden, jedoch kommen diese nur sehr selten vor, was sie nicht weniger tragisch macht. Wer das Glück hat, ein Tier in seinem natürlichen Umfeld zu beobachten, sollte sich wie ein Gast verhalten und wenn notwendig den Rückzug antreten, um Mensch und Tier einen beidseitigen Gefallen zu tun.

Bärensicherheit

Ein weiteres wichtiges Thema ist das Thema Bärensicherheit (*bear safety*). Insbesondere beim Campen und während Ausflügen kann es zu ungeplanten Begegnungen kommen. Die erste und wichtigste Regel ist in jedem Fall Ruhe zu bewahren! Die größte Gefahr für alle wilden Tiere ist, dass sie die Angst vor dem Menschen verlieren und dies kann insbesondere im Fall von Bären fatale Folgen haben.

Für Reisende, die planen neben dem Campen viel Zeit in der Natur, beim Wandern oder Radfahren zu verbringen, empfiehlt es sich, immer Bärenspray mit sich zu führen. Hierbei handelt es sich um ein hochkonzentriertes Pfefferspray, das nur verwendet wird, wenn es zu einer Bärenbegegnung kommt, in der der Bär sich bedroht fühlt und aggressives Verhalten zeigt. Erhältlich ist Bärenspray in den meisten Outdoor-Fachgeschäften. Die Kosten für eine Flasche liegen bei etwa 50 bis 60 Dollar. Bitte unbedingt über die Handhabung informieren! Bärenspray ist nicht präventiv zu benutzen wie beispielsweise Mückenspray, sondern eine Waffe, um sich zu verteidigen! Grundsätzlich sollte Bärenspray bei Ausflügen in Gebieten, in denen Bären vorkommen, immer mitgeführt werden. Hierfür gibt es Halterungen, die am Gürtel oder Rucksack befestigt werden können. Das Bärenspray sollte immer zugänglich sein und nicht in den Tiefen des Rucksacks liegen.

Verhaltensregeln auf dem Campingplatz

Beim Campen gibt es einige Regeln zu beachten und gerade in größeren Nationalparks werden Mitarbeiter in regelmäßigen Abständen die Plätze auf ihre Bärensicherheit überprüfen.

- Den Campingplatz immer sauber halten! Niemals Lebensmittel oder Müll unbeaufsichtigt draußen liegen lassen, sondern stets sachgerecht entsorgen oder im Fahrzeug aufbewahren. Ein gefütterter Bär ist ein toter Bär!

- Bei Wanderungen sollten besonders geruchsintensive Lebensmittel wie Speck oder Fisch bei der Menüplanung vermieden werden. Wer zeltet, sollte Deo, Zahnpasta und andere alltägliche, parfümierte Gebrauchsgegenstände gemeinsam mit den Lebensmitteln in einem sicheren Abstand vom Nachtlager aufbewahren. Nach Möglichkeit sollten derartige Gegenstände in luftdichten Containern (*bear canisters*) aufbewahrt und/oder in Bäume gehängt werden.

- Grundsätzlich sollte man bei der Wahl des Campingplatzes darauf achten, dass man abseits von Wildwegen, Flüssen, die von Fischen zum Laichen genutzt werden, und jeglichen Gebieten mit Anzeichen auf Bärenaktivität campiert.

- Wer sich im Hinterland (*backcountry*) befindet, muss sicherstellen, dass Abfälle restlos verbrannt oder wieder mit zurück in die Zivilisation gebracht werden (*leave no trace policy*).

- Wer gern wandert oder Rad fährt, sollte in *bear country* nach Möglichkeit nie allein losziehen. Während der Tour sollte man immer genügend Lärm machen, um Bären genügend Zeit zum Rückzug zu geben und Überraschungen zu vermeiden.

- Laute Gespräche und Singen sind in jedem Fall besser als Bärenglocken (*bear bells*)!

Was wenn es am Ende doch zu einer Bärenbegegnung kommt?

- Niemals weiter auf den Bären zugehen. Dieser kann sich bedroht fühlen!

- Sofern weitere Menschen in der näheren Umgebung sind, sollte man sich zu einer geschlossenen Gruppe zusammenschließen.

- Mit ruhiger und bestimmter Stimme auf den Bären einreden.

- Sollte der Bär nach all diesen Schritten den Rückzug immer noch nicht angetreten haben, dann bitte langsam (!) zurückweichen. Dem Bären nicht den Rücken zukehren, niemals rennen!

- Folgt einem der Bär, dann groß aufrichten, die Arme erheben und laut auf den Bären einsprechen!

- Bärenspray hilft nur dann, wenn der Bär sich mindestens in einem Abstand von 10 Metern befindet. Für eine effektive Nutzung ist ein Abstand von 4 bis 6 Metern ideal. Unbedingt darauf achten woher der Wind kommt! Es bringt nichts, wenn man sich selbst außer Gefecht setzt. Das Bärenspray in 2 bis 3 Sekunden langen Intervallen auf den Bären sprühen. Hierbei auf die Augen zielen. Durch die Distanz rieselt das Spray auf Nasenhöhe hinunter. Augen und Nase sind die empfindlichsten Bereiche des Bären.

- Wenn der Bär abgelenkt ist und/oder zurückweicht zügig den Rückzug antreten, aber weiterhin gilt: Nicht rennen! Nach Möglichkeit Schutz in einem Fahrzeug oder Gebäude suchen.

All diese Schritte mögen vielleicht den Eindruck erwecken, dass es regelmäßig zu Zwischenfällen mit Bären kommt. Nur in den seltensten Fällen kommt es zu Bärenbegegnungen, in denen auf Bärenspray zurückgegriffen werden muss. In den meisten Fällen werden Bären umgehend den Rückzug antreten und sich im Dickicht verstecken.

Bären, die bereits an den Menschen gewöhnt wurden, ob durch dessen Anwesenheit oder Lebensmittel, stellen die größte Gefahr dar. Des Weiteren sollte man sich niemals (!) einer Bärenmutter nähern. Diese fühlen sich schneller bedroht und greifen an, wenn sie Gefahr für sich oder ihre Jungtiere wittern. Wichtig ist, dass man sich vor Ort über Bärenaktivitäten informiert. Gab es Zwischenfälle mit Bären, werden vor Ort Aushänge angebracht und die örtlichen Besucherzentren informiert. Wer auf einer Wanderung eine Wegsperrung aufgrund von Bärenaktivität antreffen sollte, sollte diese ernst nehmen und den Rückzug antreten.

Bären haben kein Interesse am Menschen und stellen nur dann eine Gefahr dar, wenn sie in ihren natürlichen Lebensraum eindringen und Verlockungen auf den Campingtischen liegen lassen. Ein gefütterter Bär wird umgehend zum Problembär! Wichtig ist, dass man allen Tieren den gebürtigen Respekt erweist und versucht so wenig Einfluss auf ihr Leben zu nehmen wie nur möglich.

Einmaleins für Bärenbegegnungen

Unter folgendem Link findet sich ein Einmaleins für Bärenbegegnungen in Deutsch, das von Environment Yukon veröffentlicht und regelmäßig überarbeitet wird:
www.env.gov.yk.ca/publications-maps/documents/BearCountryGR.pdf

X. Übersicht Bußgelder

Bußgelder für Verkehrsdelikte variieren von Provinz zu Provinz und Territorium zu Territorium. Wenn es mit einem gemieteten Fahrzeug zu Verkehrsdelikte kommt oder ein Ticket für Falschparken ausgestellt wird, wird im Regelfall der Halter des Fahrzeugs, also der Vermieter, kontaktiert.

Wer weiß, dass er ein Parkticket bekommen oder sonstige Verkehrsverstöße während des Urlaubs begangen hat, der sollte dies bei Rückgabe des Fahrzeugs melden. Vermieter berechnen in der Regel einen saftigen Aufschlag für den Arbeitsaufwand. Parktickets können in der Regel vor Ort beglichen werden. Wer ein Knöllchen an der Windschutzscheibe findet, sollte sich umgehend zum nächsten Rathaus (*city hall*) oder der Polizeistation (RCMP – *Royal Canadian Mounted Police*) begeben. Wer vor Ort zahlt, vermeidet, dass der Vermieter davon erfährt und die Abfertigungsgebühr berechnet.

Übersicht der Bußgelder aus Ontario und British Columbia

	Gebühr in BC (in Dollar)	Gebühr in Ontario (in Dollar)
Geschwindigkeitsübertretung	138 bis 196	2,50 bis 6 pro Kilometer über der Geschwindigkeitsbegrenzung
Geschwindigkeitsüberschreitung in einer Schulzone/Spielplatz	196 bis 253	5 bis 12 pro Kilometer über der Geschwindigkeitsbegrenzung
Nutzung von elektronischen Geräten während der Fahrt	368	Keine Angabe
Schreiben von SMS oder E-Mails während des Fahrens	368	Keine Angabe
Ignorieren des Stop-Schilds	167	85 bis 150
Fahren ohne Gurt	167	200

Stand 2018; Quellen: www.icbc.com/driver-licensing/tickets/Pages/fines-points-offences.aspx; www.ontariocourts.ca/ocj/how-do-i/set-fines/set-fines-i/schedule-43

Die hier aufgelisteten Gebühren sollten nur als Referenz genutzt werden. In einigen Fällen können die Gebühren für Ortsfremde mit ausländischem Führerschein um einiges höher ausfallen!

Alkohol am Steuer ist auch in Kanada verboten! Fahrer, die aufgrund ihres auffälligen Fahrverhaltens von der Polizei angehalten werden oder einen Blutalkoholgehalt von 80 Milligramm in 100 Millilitern Blut aufweisen (80mg%) haben unter dem *Criminal Code of Canada* eine Straftat begangen. Die Strafen fallen hierfür ebenfalls je nach Provinz unterschiedlich aus.

XI. Informationsquellen

Allgemein

- Das Kanada Lesebuch von Mechthild und Wolfgang Opel ist perfekt für jeden Kanada-Reisenden, der mehr über das Land und die Leute lernen möchte. 2. Auflage 2018, ca. 28 Euro in Deutsch.

Reiseführer und Straßenkarten

- Der Lonely Planet Reiseführer für Kanada gehört zu der Grundausstattung jedes Kanada-Reisenden, nicht gerade platzsparend und leicht, dafür aber sehr detailliert. Sehr schlicht gehalten mit vielen Karten. 4. Auflage 2017, ca. 26 Euro in Deutsch.
- The Milepost 2018: Alaska Travel Planner: Ideal für all diejenigen, die im Westen und Nordwesten des Landes unterwegs sind. Detaillierte Informationen über jegliche Sehenswürdigkeiten entlang der Strecke. Hilfreiche und einfach zu verstehende Karten. Erscheint jährlich, ca. 30 Euro in Englisch.

Weblinks

- Destination Canada: de-keepexploring.canada.travel
  Offizielle Internetseite der Tourismuskommission Kanadas. Hier findet man alles, was man über Kanada als Reiseziel wissen muss.

Informationen über die Provinzen /Territorien

Alberta	www.travelalberta.com/de
British Columbia	www.hellobc.com/default.aspx?CC=CA
Manitoba	www.travelmanitoba.com
New Brunswick	www.tourismnewbrunswick.ca
Newfoundland & Labrador	www.newfoundlandlabrador.com
Northwest Territories	www.spectacularnwt.com
Nova Scotia	www.novascotia.com
Ontario	www.ontariotravel.net/en/home
Prince Edward Island	www.tourismpei.com
Québec	www.quebecoriginal.com/en
Saskatchewan	www.tourismsaskatchewan.com
Yukon	www.travelyukon.com

XII. Playlist

Der wohl wichtigste Bestandteil eines richtigen *road trips* ist eine gute Playlist, die Momente einfängt und die Stille füllt, wenn mal der Gesprächsstoff ausgeht oder man einfach keine Worte für die unbeschreibliche Schönheit des Landes hat. Hier sind einige meiner *all-time favorites*, an denen ich mich nie satt hören kann. Geschmäcker sind verschieden, aber vielleicht findet der ein oder andere noch einen guten Song für die nächste Reise durch Kanada. Das schönste Gefühl ist jedoch, wenn man zurück in der Heimat ist und plötzlich dieses eine Lied hört, das einen in den Moment zurückversetzt, als man die atemberaubende Natur der Rockies genossen hat oder entlang der Küste Nova Scotias die Wellen an den Klippen hat brechen sehen.

Wer CDs zu altmodisch findet, der kann heutzutage auf Anbieter wie Spotify zurückgreifen. In einigen Fällen kann man mit den Radios der Mietfahrzeuge sogar Satellitenradio empfangen. Dies ist insbesondere angenehm, wenn man in abgelegeneren Regionen des Landes unterwegs ist. Viele der modernen Modelle verfügen außerdem über Bluetooth sowie AUX- und USB-Adapter.

- Hollis Brown – Ride On The Train
- Kaleo – Automobile
- Folly & The Hunter – Ghost
- Phillip Phillips – Home
- Iggy Pop – The Passenger
- Paul Brandt – Alberta Bound
- Bruce Springsteen – Born in the U.S.A.
- Dean Brody - Canadian Girls
- High Valley – Dear Life
- Walk Off The Earth – Home We'll Go
- Martin Gaye & Tammi Terrell - Ain't No Mountain High Enough
- Wil Mimnaugh - Roam
- Reuben and the Dark – Bow and Arrow
- The Proclaimers – I would walk 500 miles
- Mark Forster – Au Revoir
- The Washboard Union – Shot of Glory
- Ahi – We made it through the wreckage
- Mighty Oaks – Dreamers
- The Great Big Sea – Ordinary Day
- Bryan Adams – Summer of '69

Stichwortverzeichnis

A

B

C

D

E

F

G

H

I

K

L

M

N

O

P

R

S

T

U

V

W

Z